THE STORY OF LUXURY

时尚永不眠

奢侈品行业观察

卢曦 著

ZHEJIANG UNIVERSITY PRESS
浙江大学出版社

图书在版编目（CIP）数据

时尚永不眠：奢侈品行业观察 / 卢曦著. -- 杭州：浙江大学出版社, 2020.4
　　ISBN 978-7-308-19746-5

　　Ⅰ.①时… Ⅱ.①卢… Ⅲ.①消费品市场－研究 Ⅳ.①F713.58

　　中国版本图书馆CIP数据核字(2019)第271119号

时尚永不眠：奢侈品行业观察

卢曦　著

责任编辑	顾　翔	
责任校对	杨利军　程曼漫	
封面设计	水玉银文化	
排　　版	杭州兴邦电子印务有限公司	
出版发行	浙江大学出版社	
	（杭州市天目山路148号　邮政编码310007）	
	（网址：http://www.zjupress.com）	
印　　刷	杭州钱江彩色印务有限公司	
开　　本	880mm×1230 mm　1/32	
印　　张	8.5	
字　　数	183千	
版印次	2020年4月第1版　2020年4月第1次印刷	
书　　号	ISBN 978-7-308-19746-5	
定　　价	49.00元	

那是一个普普通通的下午，还是个财经记者的我，坐在办公室里对着电脑发呆。电脑屏幕上弹出来一条新闻："丽娃(Riva)游艇来到中国。"十几年后的今天，我坐在背景音嗡嗡嗡嗡的星巴克里，试图回答一个被问过很多次的问题：你是什么时候决定研究奢侈品的？

也许那艘游艇就是一个开始？然而那篇关于游艇的文章被报社领导"毙"掉了，那时财经媒体嫌弃奢侈品是一个"小"行业，对谈奢侈品的文章，只有谈吃喝玩乐的副刊愿意给些版面。现在回头看，其实那时中国奢侈品市场已经步入青春期。北京、上海不用说，二线城市如杭州、南京最好的商场一楼，奢侈品也都受到了追捧，时尚杂志和奢侈品牌一起迎来了最美的时光，好得蜜里调油。

只不过奢侈品权力的核心在欧洲，那时大多数品牌如果觉得大中华区需要更多照应，就在香港设一个办公室，只有少数品牌表现出在中国扎根几十年的决心。在这片土地上，很少有人把"奢侈品"看作一个产业。

无知者无畏，决定从商业角度写奢侈品时，我还不知道美国有一家叫作《女装日报》(Women's Wear Daily)的媒体，已经这样做了100多年了。我不知道研究奢侈品有没有前途，这个选择并非基于理性分析,而是出于兴趣和一点点偶然。女人都喜欢美丽的衣服和华丽的珠宝,而作为一个年轻的财经记者,我正渐渐开启对商业的痴迷。

2013年,没有做任何长远规划的我开始在微信公众号上发文章,没想到,我的世界竟因此渐渐变得热闹起来。陌生人发来各种评论,我常常大笑,也曾气得想骂人。而这些年我写着写着,中国奢侈品市场经历了波折,又回到强劲增长的轨道。奢侈品世界的中心向中国转移了一点,我们发现,不知何时,这些奢侈品牌的中国区总部都已在上海的南京西路上扎堆了。

我将过去这些年的文章挑选整理成今天这本书,细述奢侈品牌、从业人员、市场变化……我选择的标准,无非是"一个好故事"。

卡塔尔王妃莫扎是手握多个高级定制品牌的资本大鳄。传承近200年的德国咖啡巨商莱曼(Reimann)家族的成员,低调得没有一张照片,是奢侈品世界里的匆匆过客。全球第一大奢侈品集团LVMH(法国酩悦·轩尼诗-路易·威登集团),执着地坚持做"有多美就有多寂寞"的高级定制业务,为的是刺激香水业务疯狂赚钱。

我从茫茫人海、从故纸堆、从街头巷尾的采访中挖故事,我曾许多次怀疑自己是不是选了一个奇葩的行业来写,不过当我穿着运动鞋走在沈阳、西安的大街上,悄悄观察陌生城市的店铺、说着方言的客人,那种兴奋感是如此美妙。

华服与珠宝固然动人,但今天的我很明白,让人叹服的商业智慧,才是我的激情所在。我想邀请你进入这个有些冷门的世界,看表面的浮华与暗地的潮涌,看那些人和事交织在一起,被时间冲走。如果这里的故事能让你感受到些许乐趣,我就很满足了。

Part I 台前 众生相

Part II　经典　商业之美

Part Ⅲ　幕后　规则与潜规则

众生相

Part I

台 前

我们这些看客，不过是希望自己生活的地方是一个公平的战场，让优秀的获得

嘉奖，让老去的离开罢了。

一个奢侈品店员的10年

Sunny的店员生涯起步于ESPRIT（思捷）[1]，他至今仍然记得自己20岁时在步行街的岁月。年轻的女孩子穿上鲜艳的T恤衫，站上凳子，从早到晚拍手，哑着嗓子叫喊"买一送一"。中午是商场最嘈杂的时候，店员们分批从各种品牌的门店走进餐厅，他们交友、聊天，形成一个活跃的圈子。

餐厅也是"挖人"的地方。店长们暗暗瞄准素质不错的年轻人，主动凑上前，劝说他们来自己的店里干。想换工作的店员们也会特意在餐厅里放出消息。长得越漂亮、对人越客气的店员，被挖得越频繁。手表店喜欢挖卖化妆品的女孩子，一楼的店长会去挖二楼、三楼的店员，招人就靠店长在圈子里的人脉，并不容易。

Sunny就是在朋友的介绍下，很快从ESPRIT跳槽到了VER-SACE（范思哲）[2]，上班的地方，也挪到了上海名店街——南京西路。

---

[1] 创立于美国的休闲时装品牌，曾被"打工皇帝"邢李㷧（中国台湾女演员林青霞的丈夫）收购持有，产品价位接近于快时尚品牌ZARA（飒拉）及H&M。本书涉及的品牌名以官网logo为准，以下不再做特别说明。

[2] 意大利设计师Gianni Versace（詹尼·范思哲）兄妹于1978年创立的高级时装品牌，以惯用印花和亮色著称。2018年被美国轻奢集团MICHAEL KORS（迈克·科尔斯，后改名Capri）收购。

“有的人可能三天都撑不下来，就想跑。”在 VERSACE 的三年，Sunny 累得半死。但他觉得，是 VERSACE 给了他奢侈品启蒙教育。培训复杂又细致，要理解产品的卖点，熟知品牌的历史。顾客一开腔，就要会接话。顾客是内向还是外向、有主见还是没主见，要犀利地判断出来。还要不断给 VIP 顾客打电话嘘寒问暖：“上次买的衣服满意吗？家人朋友怎么说？”

一天下午，一位老顾客走进店里，情绪低落。Sunny 索性陪他漫无边际地聊了一小时，对方什么也没买就离开了。后来有一次，眼看销售指标完不成，Sunny 就直接打电话向那位顾客求助，对方竟真的一口气买了五万多元的衣服。

Sunny 渐渐厌倦了烦琐的销售、客户维护、产品质量检验和柜台布置。他有些焦躁地不断跳槽，身上穿的制服越来越考究、越来越贵。

“有命赚钱，没命花。”被问起在 GUCCI（古驰）[①]、PRADA（普拉达）[②]这类一线品牌工作的感受时，Sunny 如此回答。每人每天的目标销售额是 5 万～6 万元，累到不行了就到洗手间猛抽两口烟，再鼓足勇气，一头扎进店里“搏命”。心里是惶惶不安的，午饭就不吃了，万一碰巧有客人进来呢？Sunny 有一次和一个同行吃饭，那个年轻的男孩子手机不离手，一边吃饭一边跟 VIP“大财主”们打电话，满面笑容，语调轻松愉快，把客人哄得十分开心。放下

---

① 1921 年创立于意大利，以皮具起家的奢侈品牌。现隶属于开云集团（Kering），拥有成衣、皮具、香水等全面产品线，是全球销量最高的奢侈品牌之一。
② 创立于 1913 年的意大利奢侈品牌，长于皮具、成衣的设计和定制，在中国香港上市。

电话,就脸色大变,陷入焦虑中。

诱惑也是巨大的,一个店员如果当月的销售额超过100万元,就能拿到1.7%的高额提成,加上底薪,就能拿到2万元;完成80%的任务,提成比例就变成了1.4%~1.5%;完成60%,提0.85%——这是底线,低于这一数据,就只能拿底薪了。

一般的奢侈品门店一共只有十几个店员,除了店长、副店长,平时店里保持有4个店员的状态。如果增加店员,销量并不会上去,但分到每个人头上的钱就变少了。PRADA南京西路旗舰店是个明星店,2011年的时候每月销售额达1800万~2500万元,但始终保持着十几个店员的规模。店员的月收入1.4万~2万元不等,远远超过了业内平均水平。然而,在南京西路工作几年甚至只有几个月之后,有些店员就到了崩溃边缘。有人宁愿转到黄浦区外滩一带,在生意相对清淡、压力较小,但薪水也很少的品牌冷门门店工作。只有极少数人披荆斩棘,冲到店长乃至区域经理的位置。

Sunny去LOUIS VUITTON(路易·威登,以下简称LV)①面试过,与面试官相谈甚欢。他满以为以自己这样的经验和素质,应该问题不大。可是,直到那家新店开张,他才意识到刚满30岁的自己真的"老"了。那家店招募了一群大学应届毕业生,他们青春逼人,每月4000~5000元的底薪,年终还有1万~2万元的分红,应届生很满意。

"国外有酒店管理、时尚服务方面的技术学校。但在中国,品

---

①1854年创立于法国,以箱包起家。现隶属于全球第一大奢侈品集团LVMH,拥有皮具、成衣、香水等全面产品线,是全球销量最高的奢侈品牌之一。

牌不在乎店员学的是什么专业，只要长相漂亮、性格活泼、身体好。他们年轻、好管理。"Sunny说，一线品牌每年都会招收一大批应届生，也会招一些像他这样有其他品牌工作经验的店员，但工作经验似乎不那么重要。

老员工脾气大、没激情是不被喜欢的主要原因，此外，在同一家公司工作一定年限后，公司就要和员工签订"无固定期限合同"。目前行业里的潜规则是，各家品牌的门店唯恐成为员工的"养老院"，不怕高频率的员工换血，怕的是门店里的员工越来越懒。有些品牌的区域经理或店长会想方设法让老员工主动离开。

Sunny说，在欧洲，一些白发苍苍的店员仍然面带微笑地站在店里，"终身雇佣"几乎成为惯例。在同一个品牌甚至同一家店工作几十年之后，店员们积累了丰富的经验。他们理解时尚，对品牌的历史和细节了如指掌，也能更准确地把握顾客的心理。他们能提供有智慧的服务，而不仅仅拥有一张青春的面孔。在欧洲工会的强压下，店员每年享有漫长的假期，每天还要喝上几小时的下午茶。但是，当品牌越来越多地依赖中国游客、中国市场，欧洲式的惬意雇佣也许会面临另一种危机。

一个奢侈品大客户经理的10年

Winona个高人美，毕业于一所不错的大学，因为兴趣进了这一行，辗转在好几家奢侈品牌门店工作过。简单点说，她卖的东西越来越贵，工作的楼层也越来越低。她自己穿得很考究，不论设计还是配色都很大胆、体面，搭配段位高。但她坦白说，自己其实没多少积蓄，这是由种种原因造成的，不全怪市场不景气。

她盘点了自己工作过的商场一楼的那些品牌。她对某个法国品牌赞不绝口，她在那里完成了奢侈品的启蒙。她也回忆说，在其中一个珠宝品牌，她只干了三四个月，直到今天她对这个品牌依然非常不屑，那家公司的"不专业"超出她的想象。"VIP来了，竟然让我冲速溶咖啡给人家。"说到这里，她皱起眉头。

在我看来，Winona是一个过于理想化的人，她对奢侈品的爱，一点也不比疯狂歌迷对摇滚乐手的爱逊色。她希望品牌不要唯利是图，选择那些短期行为，而是要真正尊重顾客。而她自己愿意慢慢给顾客讲品牌的故事，让对方懂得产品的妙处，而不是冲着牌子就稀里糊涂刷卡。她还痛恨每个月按着计算器算销售业绩、提成的那种冰冷的工作方式——这种心态显然不利于她自己赚更多的钱。

慢慢地，她从卖包进入卖腕表、珠宝的阶段，那些很贵很贵的珠宝，销售方式是超出工薪阶层想象的。当然也有人很随意地走进店铺，刷卡、买表，但那种几十万元一件的宝贝，很大一部分是在私密的状态下，其乐融融地卖出的。

在市场好的年代，Winona眼里那些"不专业"的销售赚到了不少钱。他们会对"大金主"甜言蜜语，没有底线地奉承对方，有的销售会在没有必要的情况下跪在地上为客人服务，甚至有漂亮女孩多少利用了一点自己对异性的吸引力来达成交易。还真的有一些客人只是需要那些夸张的尊重、崇拜、宠爱，他们对产品本身懂得多少也很难说。

Winona难忘的是，她曾遇到一位偶然到店、其貌不扬的中年男士。她和对方聊了三小时，都是在讲产品，讲品牌的历史、技术和文化。这位中年男士什么也没买就离开了，第二天他竟然又来了，二话不说从她手里买走了店里一只很贵、很罕见的表，两人惺惺相惜。这种成就感，对Winona来说很重要。

后来，Winona进了一个大品牌，虽然她认为这个品牌的公司氛围是同行中最压抑的，但没办法，她就是爱这个牌子。这个品牌有少量腕表，但Winona做的主要是高级珠宝。那时她已经比较少在店铺里待着了，她的目标是进攻那些超级富豪们。

珠宝腕表品牌通常会举办一些私密的晚宴，邀请熟悉的老客户出席。在极尽考究的一道道餐点上完之后，客人们就会买单——可以说，只要她们答应来参加晚宴，通常都会心照不宣地买上几件，或多或少。"在经济特别差的时候，也有一些客人虽然来参加晚宴，但买得很少。"

客人与品牌之间有着多年的友谊，虽然本质上是买卖，但也不能否认，彼此之间是非常信任的。年景不好的时候，有的客人甚至仅仅是为了支持在品牌工作的朋友，就出手买几件自己计划外的珠宝。

她还见过一些品牌的死忠粉丝，他们痴迷于产品，一来就做决定、刷卡，有时甚至都没怎么吃品牌精心准备的晚宴就走了。这种品牌每年销售的数量很少，品牌在中国的团队也不大。对于晚宴，团队一大半成员都会投入筹备；中国区总裁亲自到场，有时候，客人买表就是看他或她的面子。出现在这种场合的人，非富即贵，不会有闲杂人等混进去。

Winona刚到这个大品牌的时候，拿到了一份集团里与该品牌关系最密切的姊妹品牌的VIP名单。其实这份名单的变动已经很大了，而且姊妹品牌的单价要比她服务的品牌低很多，但她依然需要一一摸清名单上还有哪些人有可能买珠宝。她首先筛选出过去几年消费最频繁、金额最大的一小半人，然后一一与他们联系。"有的丈夫被'双规'了，有的出家了。"Winona傻眼了。这几年，中国硬奢品的真正玩家，不少都经历了人生的大起大落。最后Winona还是找到了一些目标，她开始与那些人接触，嘘寒问暖，一点一点进入他们的生活。

如果你看过电影《北京遇上西雅图之不二情书》，你或许记得，吴秀波饰演的房产经纪人为了卖一套房子，是怎样讨得一对年迈夫妇的欢心的。客户一开始就知道他的来意，也保持着戒心，而他非常有耐心地与自己的"猎物"周旋。他送爷爷去医院，为奶奶补办期待已久的婚礼，以一副毫无企图的样子进入对方的生活，抓住一切机会，让对方感激、感动。直到时机成熟，发动关键一击。当你要卖一件非常非常贵的东西,你确实需要和客户相处很长时间。这本质上虽然是冷冰冰的交易,但如果你做成了生意又收获了情感,谁又有资格批评你工于心计呢?

Winona会在手机里标记重要客人的生日,提前准备好鲜花和礼物。送过去的时间也不能随便。这些客人的生日派对通常都会进行到深夜,她要在宾朋渐渐散去、主人尚且清醒的时候递上。别的珠宝品牌、竞争对手肯定也会送花、送礼物,她又务必要抢在对方前面。每年,恰当的时候,Winona会在客人们喜欢的那些昂贵又隐秘的餐厅订餐,邀请她们吃饭、聊天,也会涉及产品,但绝不会直接劝对方买东西——老熟人了,谁都知道你是什么意思。

也有一些销售意图比较明显的活动,通常是看展。Winona会早早联系客人们,邀请她们去巴黎、米兰看品牌的展览。她会安排好全部行程,为客人及其家人甚至随从支付全部的费用,比如机票、住宿、餐饮、娱乐等。

有一次在欧洲的旅行过程中,客人吃不惯当地食品。Winona豁出去了,她在当地掘地三尺找到一家中餐厅,甚至进了厨房,按照客人的口味,专门做了几道丰盛的菜肴,自己提到酒店里。客人惊喜得简直要流泪了。不知道是不是因为这顿饭,客人在这次展览后慷慨出手,买了很多大件珠宝才回国。"这些客人,是不太会出来玩一趟却什么也不买就回去的,但买多少,就看心情了。"Winona说。

过了几年这样的生活,这个品牌虽然因为受到市场冲击,销量有一些起落,但生意还是做得下去的。促使Winona离开的,其实是公司氛围。她想单纯地服务客人,自己也赚钱,但办公室的人、店铺的人、欧洲总部的人……很多问题慢慢积累和纠缠在一起,她做得不算开心。她仍然看好这一行,觉得在奢侈品市场,顶级腕表、珠宝其实表现不错。腐败性消费这几年被重拳打击,盲目跟风也在减少,现在越来越多的奢侈品是被人买来自用的。

品牌这几年加大了客户活动的推动力度,有时在精品店里举办活动,有时是旅行,都是在一对一的接触中销售的。也就是说,中国那些顶级奢侈品牌的最富有的熟客,仍然在为自己买珠宝、买高级腕表,他们与品牌的关系仍然密切,信任关系仍然很牢固。很自然地,Winona拥有了这么多年的经验,也有不少非常信任她的大客户,其实有很好的机会在这一行继续做下去。马上就35岁了,这并不是劣势,而是她的筹码,随着年龄增长,她会做得更好。

Winona还记得自己2016年离开这个珠宝品牌的时候,不少顶级腕表品牌不再死守折扣,价格折扣力度比以往大。她觉得,这给亲民品牌带来了压力,因为它们的价格优势减弱了。只是她自己还没想好,要不要再找一个喜欢的品牌工作。

"影后"与品牌的红毯博弈

　　2017年的奥斯卡颁奖典礼一点也不无聊,老戏骨"梅姨" Meryl Streep(梅丽尔·斯特里普)①与香奈儿(CHANEL)②创意总监"老佛爷"卡尔·拉格斐(Karl Lagerfeld)掐架,台下戏十分有趣。

　　起因是老佛爷对《女装日报》记者吐槽,说香奈儿本来在帮梅姨准备奥斯卡礼服,却突然接到梅姨团队电话,说梅姨要穿别家的,你们不要再做了,别家会因为这个付钱给梅姨。老佛爷说,不付钱请明星穿自家衣服走红毯是香奈儿的原则,梅姨确实是个天才演员,但还是有点cheap(小气、吝啬)。然后双方就通过媒体,用一封又一封的声明吵了起来,老佛爷后来表达了歉意,梅姨似乎占了点上风。但是,你觉得公众更相信哪种说法?

　　媒体看热闹不嫌事大,将梅姨封为"不肯穿香奈儿的女王"——梅姨曾主演电影《穿普拉达的女王》,并在2007年穿着PRADA礼服走红毯。最后,梅姨穿着ELIE SAAB(艾丽·萨博)③一

---

①美国女演员,出生于1949年,曾主演《廊桥遗梦》,多次获得奥斯卡最佳女主角奖,被誉为"那一代最好的女演员"。

②加布里埃·香奈儿(Gabrielle Chanel)女士创立于巴黎的品牌,涉足香水、皮具、成衣、高级定制等众多品类,是全球最顶尖的奢侈品牌之一。公司目前为私人持有。

③黎巴嫩设计师Elie Saab创立的时装品牌,以高级定制礼服见长。2002年,哈莉·贝瑞(Halle Berry)身穿ELIE SAAB礼服获得奥斯卡最佳女主角奖,品牌名声大噪。

件午夜蓝、露肩、缎面刺绣的礼服出现在奥斯卡颁奖礼上,但她没有像以往那样走红毯。被提名20次的梅姨说,老佛爷"毁了我的奥斯卡"。前几天人们还等着看笑话,因为梅姨穿谁家的礼服出现,不就说明谁花钱了吗?结果风向并不是这样,有媒体这样写道:"看,梅姨宁愿要这个牌子,也不肯穿香奈儿。"那么ELIE SAAB成了最大赢家?

红毯之夜精彩纷呈,全球媒体为之疯狂,争分夺秒发照片,还贴心地列出明星行头——礼服、珠宝分别来自哪个品牌。那么问题来了,这些品牌有没有给这些大明星付钱?品牌付钱请明星穿戴自家产品走红毯,究竟有没有道德问题?

还是看梅姨和老佛爷这件事,《每日邮报》(The Daily Mail)报道说,老佛爷称香奈儿的原则就是这样,只提供衣服,不会付钱给明星。他还举例说Emma Stone(艾玛·斯通)[1]和Julianne Moore(朱丽安·摩尔)[2]都是在这种情况下穿着香奈儿走红毯的。老佛爷还说,给这种"一线名人"做衣服本身成本就很高,比如原来给梅姨准备的这件衣服的价值就达到了10.5万欧元,他还说愿意把这件衣服送给梅姨。也许在他看来,只送衣服不给钱,就没有违背原则了。

不过,品牌付钱给明星,让明星穿自家的衣服走红毯,早就不是新闻了。特别是在奥斯卡颁奖礼这种全球瞩目的超级盛会上,不仅礼服,还有珠宝、配饰等,明星每件行头的露出都有极高的价

---

[1]美国女演员,2017年以《爱乐之城》获得奥斯卡最佳女主角奖。
[2]美国女演员,影史上首位获得欧洲三大电影节(戛纳、威尼斯、柏林)和奥斯卡最佳女主角奖大满贯的女演员。

值。当然有的明星会因为喜欢某件产品,不找品牌要钱,免费穿戴出门走一趟红毯,但也有很多明星是收了品牌的酬劳,才会穿戴某件产品的。

几年前,时尚专栏作家Dana Thomas(黛娜·托马斯)在其著名的《奢侈的》一书里就写过这个话题,不过当时各方还有些遮遮掩掩。某些游走于明星与品牌之间的造型师、经纪人,在打扮明星的过程中获利,也有明星本人拿酬劳的现象。书里说,经纪人和明星有时会得到品牌昂贵的手袋,有时是一次美妙的度假。有一位经纪人在明星走红毯后含蓄地向品牌提出,她自己的整容手术费用还没有付清。

双方都不会对外披露合作细节。不过也有意外情况,"影后"Charlize Theron(查理兹·塞隆)因为和珠宝品牌之间打起了官司,意外曝光了她佩戴珠宝出席一次活动的报酬是25万美元。

今天,情况变得更直接了。美国一位明星造型师Jessica Paster(杰西卡·帕斯特)曾公开说,明星和造型师在红毯合作中,从品牌拿报酬是天经地义的事。她还披露了价位,明星穿品牌的礼服走红毯,报酬是10万～25万美元,而造型师要拿走3万～5万美元。她在造型师这行早已成名,曾为Cate Blanchett(凯特·布兰切特)①、Emily Blunt(艾米莉·布朗特)②和Miranda Kerr(米兰达·可儿)③工作,她说明星在红毯上从头到脚的穿戴都是收钱的,不论是

①澳大利亚女演员,2014年以《蓝色茉莉》获得奥斯卡最佳女主角奖。
②英国女演员,多次获得奥斯卡最佳女主角奖提名,出演过《穿普拉达的女王》。
③澳大利亚超模,曾为VICTORIA'S SECRET(维多利亚的秘密,以下简称维密)走秀。

礼服、鞋子、手包还是珠宝。

在中国也是这样吗？其实并不是每次明星穿戴的露出都是品牌付钱安排的，在那些比较平常的场合，明星与品牌之间的合作模式通常是明星找品牌借衣服，借完就还，两不相欠。国内明星出席一些小型的颁奖礼、自己新片的发布会，因为不会给品牌带来太大的曝光量，又因为他们自己确实需要行头，所以他们不会开口找品牌要钱。品牌通过借出衣服，获得一点小小的曝光，也愿意合作，出钱就不肯了。

如果哪天中国有了奥斯卡颁奖礼那样高水准的活动，有了奥斯卡"影后"那样咖位的大明星，情况大概就不同了。一个公开的秘密是，在中韩明星中特别流行的街拍、机场造型，比较多的情况是品牌付费、明星摆拍的。在国内，还有一种情况是涉及金钱的：当中国明星成为某品牌大使的时候——比如周迅与香奈儿，李宇春与GUCCI等——双方有商业合约，通常条款中会包括明星需要穿着品牌产品出席某些活动，以及禁止穿竞争对手产品出席公开活动等。这样的合作是一个套餐，品牌要付一笔代言费给明星，这种情况下，明星走红毯时穿品牌的衣服，就不能算完全无偿的了。

国外一个典型的例子是，"影后""大表姐"Jennifer Lawrence（詹妮弗·劳伦斯）①是DIOR（迪奥）②的代言人，也总是穿DIOR的

①出生于1990年的美国女演员，2013年以《乌云背后的幸福线》获得奥斯卡最佳女主角奖。
②法国时装设计师Christian Dior（克里斯汀·迪奥）于1946年创立于巴黎的品牌，二战后因"新风貌"（New Look）系列轰动业界，现隶属于全球第一大奢侈品集团LVMH。

礼服走奥斯卡红毯——你说她这算不算收了钱？有的明星一次又一次穿某品牌的衣服走红毯,为的就是和品牌搞好关系,以赢得未来的代言合约。很多明星即使签了某个品牌,也会经常为其他品牌的活动捧场——只要不是对手——为的是广撒网,以期尽快落实下一个合作伙伴。

珠宝品牌比礼服品牌更重视红毯。有一种说法是,如果有明星在奥斯卡颁奖礼上穿一条黑裙子,却戴了一串颇具品牌代表性的珠宝项链,那就一定是收品牌钱了。奥斯卡颁奖礼筹备和举办期间是珠宝品牌一年中最紧张的阶段,品牌要做好重重安保,把价值连城的珠宝送到明星套房里,还要在红毯结束后快速把珠宝收回来,护送回家。业内曾有传言,明星会留下自己走红毯的衣服或者珠宝作为回报,而事实上,珠宝的价值太高了,珠宝品牌更愿意付现金。

品牌请明星穿戴自家产品走红毯,要的无非是曝光量。大明星戴着品牌珠宝走几十秒红毯带来的商业价值,是品牌花几十倍的价钱投放商业广告都未必能达到的。在奥斯卡颁奖礼,以及出现衰落之势的时装周上,传播就像链式反应。明星或者红人穿戴某个产品在万众瞩目下登场,于是引爆了品牌传播,在未来的一段时间里,传播的范围最远、声量最大。

所以,大明星其实就是一个流动的超级广告牌。既然明星为品牌带来了这么强大的广告效应,品牌为什么不能给明星付报酬呢？

广告价值到底有多少已经很难估算,不妨参考一下美国橄榄球比赛"超级碗"的中场广告吧,30秒就要500万美元了。所以,每次奥斯卡提名一公布,品牌就开始疯狂进攻最红最热的明星,如果品牌觉得值,它们会愿意出钱给明星作为酬劳,换得自家品牌上红毯。

和老佛爷打口水仗时,梅姨团队的一句话有点奇怪:接受品牌付费是违背梅姨个人道德标准的。品牌付费请明星穿戴自家产品,是一种违背道德的行为吗?双方都存在道德问题吗?不论在好莱坞还是宝莱坞,以及全球数一数二的奢侈品市场——中国,娱乐明星与时尚产业早已融为一体。不知道明星收钱代言一个品牌,和收钱穿品牌产品走红毯,有什么区别?

如果说大品牌付钱请大明星穿衣服走红毯这个现象有什么危害的话,有人说,这造成了红毯上的垄断,出现的总是那么几个最有实力的牌子,新品牌看不到出头之日,因为它们付不起给明星的报酬——明星本人10万~25万美元,造型师3万~5万美元。

也有人觉得奇怪的是,像梅姨这样名利双收的老戏骨,竟然还会跟品牌计较这个钱?不要忘了大卫·贝克汉姆在那之前不久就被人曝光,连机票钱都要跟合作伙伴讨呢。有钱归有钱,连唐纳德·特朗普都可以痛批的和梅姨所忍不了的,大概是合作不对等。老佛爷也有充足的理由不高兴,订单都快完成了,你跟我说要换供应商?也许这本是一场商业合作,在任何双方没有合约。

一个在上海卖巧克力的比利时人

　　第一次见到弗雷德里克（Frederic）是在乌泱泱的人群中，那是中欧商学院每年一度的奢侈品论坛。茶歇的点心中有一种特别精致考究的巧克力，每块都有自己的形状和含义，品尝的人几乎排起了队。而大块头、金发碧眼的弗雷德里克就在这巧克力"小摊儿"周围转悠，那眼神在我看来有点怪怪的。他维持秩序，聊着有关巧克力的种种，观察食客的反应……后来我想，或许他还有一点点心疼呢——那可是他家的巧克力，贵极了。

　　因为说一口流利的汉语，他给我留下了印象，不知怎地后来又加了微信。这几年，论坛还是每年春天都办。弗雷德里克几乎每次都会出现在人群中，看起来像是一直在搜寻做生意的机会，只是他的巧克力小摊儿后来见不着了。

　　直到有一天，我发了一条英文朋友圈，提到了他的一位老友，弗雷德里克突然跳出来说，不如我们一起喝个茶。于是我们在新天地朗廷酒店大堂里喝起了茶，一开始他主动说汉语，后来还是切换成了英语。我们聊起了他的little charming business（迷人的小生意）——NEUHAUS（诺豪斯）巧克力。

　　念大学的时候，我就听"富二代"同学说起过，世界上最好的巧克力是比利时产的。弗雷德里克正是比利时人。我们不可避免地谈起了 GODIVA（歌帝梵）①——他念成"戈黛娃"，而不是"戈帝娃"——他一脸严肃，语带尊敬。意思似乎是，GODIVA 确实是厉害的大佬，不过我们也不错⋯⋯

NEUHAUS 是个家族品牌。弗雷德里克的父亲是公司的 CEO⋯⋯反正弗雷德里克没有什么其他的想法，长大以后就一心一意经营这盘子生意。他对此很自豪，同时保持精明。比如，当他觉得赞助中欧商学院奢侈品论坛带来的价值有所下滑，就没有再为茶歇提供他漂亮的巧克力了。

弗雷德里克年轻时一个人来到中国，然后就在这个市场扎根下来。一方面他在上海、北京等地最好的购物中心开出 NEUHAUS 的柜台，不需要很大空间，但每个都精致漂亮、闪闪发光。另一方面，他要操心将巧克力从自己的老家比利时空运到中国来——种种原因造成他无法在中国开设巧克力工厂，而只有类似于工厂的包装基地。娇贵的巧克力要通过全冷链空运到中国！

"从比利时到中国，巧克力要贵多了吧？"我问。

"中国的价格是比利时的三倍，"弗雷德里克面不改色，我已瞠目结舌，"运费实在是太高了，所以没有别的办法。"

但聪明的弗雷德里克当然有自己的办法，他才不会在中国花不必要的钱呢。他租在雷格斯（Regus）②的共用办公室里——就是那种可以一个工位一个工位租用的办公室，不用花很多钱，而又能

---

①知名比利时巧克力品牌，以 Godiva（戈黛娃）夫人的名字命名，传说这位夫人为求给民众减税，赤身裸体骑马穿过城市。

②全球最大的办公空间解决方案供应商，使个人或企业可随时随地以任何形式办公。

在名片上留下一个很有派头的办公地址。这种办公室自然也有会议室可以租,但弗雷德里克才不会遇事就跑去租会议室一两个钟头——很贵的。他要见人的时候——比如我——就在朗廷酒店的大堂里,点上茶或咖啡就好了。他聪明地打理着自己的生意,每个环节都不失精致漂亮,却没有花什么冤枉钱。他非常了解中国人的那一套,还娶了一位中国太太。

弗雷德里克用西方人的眼光饶有兴致地观察着中国。他和我一样喜欢研究购物中心。为什么有的购物中心让人神不知鬼不觉地迈了进去,有的投资惊人却门可罗雀?"这是科学,"他说,"有一本书专门研究购物中心的门道,不论是在中国还是其他国家,一个购物中心的成功一定不是随随便便的,每个细节都挖空了心思。"

因为要开实体店,他和不少香港商业地产商关系不错,他了解每个购物中心浮华之下的经营真相。比如,上海一家背景雄厚的购物中心其实在经营上有严重的问题,不少品牌都在考虑撤退。一定是对购物中心摸得非常有谱,弗雷德里克才会决定开店,做出撤柜的决定也是一样。在北京和上海都开了专柜之后,弗雷德里克又把生意做到了杭州。

"成都也是个不错的城市,好多奢侈品都去成都了。"我说。这可立刻戳中了弗雷德里克,他做的可是巧克力生意!他抱怨道,成都人对自己家乡美食的骄傲简直没救了。你可以把漂亮的衣服鞋子卖到成都,生意火得要命,可你就是没办法摸清楚成都人的胃。成都人沉迷于串串、火锅,不知轻重的西餐厅开到成都,结果都是冷冷清清、可怜巴巴地抱团……就更别提巧克力了。

我们聊了女性对甜食的偏好,尤其是90后女性。他的巧克力啊,还有很大的市场空间可挖呢。GODIVA的火热证明了这一点。弗雷德里克过着一种令人着迷的生活,他心思单纯地打理着家族的生意,年纪轻轻就坚定地选择了中国。在这个市场上,他其实没有任何优势——竞争激烈,没有后台,他要承受市场的风云变幻,还要解决各种水土不服导致的问题。他对中国人有自己的看法,但他轻易不说。和中国人没什么两样,对做生意的人来说,赚钱是最要紧的事。他习惯于西方的方式,也愿意随时为中国改变。

富过6代的德国家族

讨论欧洲时尚版图,你最先想到的大概不会是德国。如果不是2017年JIMMY CHOO(周仰杰)①和BALLY(巴利)②被卖,我们也许永远也注意不到它们背后的主人:一个姓莱曼的德国家族。

这个德国莱曼家族,其历史可以追溯到1823年,现在已经传到了第6代,眼看就可以庆祝200周年了。英国《金融时报》这样形容这个家族——"intensely private and immensely wealthy(深度隐秘,极度富有)"。《福布斯》2015年曾估算莱曼家族的财富已超过190亿美元。有媒体曝光了第6代核心成员 Wolfgang Reimann(沃尔夫冈·莱曼)的资料,但照片的位置是空着的。《华尔街日报》说,他们是德国最富有的10个家族之一,却如此低调——他们手里随便一个品牌,名气都比家族姓氏大得多。

莱曼家族拥有庞大的产业群,进入21世纪,他们曾对时尚业发起进攻;然而在2017年,他们下决心抽身退出,将手里的JIMMY CHOO和BALLY全部卖掉。他们通过一个叫作JAB控股

①华裔设计师周仰杰创立的鞋履品牌,现隶属于Capri集团,与MICHAEL KORS同门。
②瑞士皮具品牌,以鞋履闻名,现隶属于中国山东如意控股集团(以下简称如意集团)。

(JAB Holding Company)的公司,操作一切生意上的事。今天他们在咖啡这个行业里是呼风唤雨的巨头,相形之下,那些闪闪发光的皮具、时装品牌,不过是咖啡上面的一小撮奶泡而已。

在日本,家族企业有时候会被传给德才兼备的女婿,继承家族企业的女婿又称"婿长子",中国珠宝商周大福也是由创始人的女婿郑裕彤振兴起来的——莱曼家族也是这样。1823年,一个名叫Johann Adam Benckiser(约翰·亚当·本基泽尔)的人在德意志的西南部买下了一家化工厂,他名字的缩写"JAB"就是今天莱曼家族家族企业JAB控股公司名字的起源。几年后,创始人的一个女儿嫁给了一个叫作Ludwig Reimann(路德维希·莱曼)的人。也有资料把翁婿两人同时列为公司创始人,总之,莱曼这个姓氏是这么来的,我们权且将这个女婿视为家族第二代。

这家化工厂默默无闻地传了100多年,经历了两次世界大战,直到1952年才略微浮出水面。当时的联邦德国已经熬过二战后最困顿的日子,经济开始爆发式增长。莱曼家族的第五代,将触角伸进了消费品行业。从那时开始直到现在,大半个世纪的时间里,莱曼家族陆续买进食品、洗涤用品、香水公司。他们最爱买的是咖啡,2015年,他们花139亿美元收购了美国一家咖啡公司,震动全行业。今天,JAB控股公司是和雀巢、星巴克齐名的全球三大咖啡公司之一,却低调得令人难以置信。

1992年,他们收购了多次易主的科蒂(COTY)——全球最大的香水公司,著名的奢侈品公司BURBERRY(博柏利)①和蒂芙尼

---

①创办于1856年,以风衣闻名全球的英国高级时装品牌。

蒂芙尼(TIFFANY & CO.)[①]等品牌的香水都是交给科蒂生产的。莱曼家族像是由此燃起了对时尚的兴趣。接着，他们去竞购MAYBELLINE(美宝莲)，结果输给了欧莱雅(L'ORÉAL)集团；去美国买AVON(雅芳)，也没有成功；但他们还是有所斩获的，比如收购了全球最大的指甲油品牌O·P·I。2010年，科蒂出面收购了中国化妆品公司丁家宜，在中国引发一阵喧哗，而这件事的背后，正是莱曼家族。

　　然而，他们在化妆品行业只能说运气平平，始终没能拿下足以撑起门面的大牌。以24亿元收购丁家宜，5年后以1亿元卖回给创始人，血本无归，还在中国挨了不少骂。只有香水生意稳健，几年前，他们从老态毕现的宝洁公司手里，买走了一大堆小牌子。

　　莱曼家族第5代名叫Albert Reimann(阿尔伯特·莱曼)，是他开启了家族的消费品生意，而进入时尚圈是家族第6代的决定。家族第6代兄弟姐妹共9人，据记载都是被收养来的，他们平均地继承了公司的股份，每人11.1%。他们中有人成了科学家，有的迷恋滑雪运动，还有人专心做慈善。后来，其中五人把股份卖给了另外四人。今天莱曼家族的"四大长老"名字是：Wolfgang Reimann、Renate Reimann(瑞·莱曼)、Matthias Reimann(马蒂亚斯·莱曼)和Stefan Reimann(斯蒂芬·莱曼)。Wolfgang看起来像是第6代的核心，福布斯说他身家有42亿美元，有一张照片上的人很可能是他，但无法证实。

　　进入21世纪，莱曼家族对时尚的胃口变得更大，超越了香水

①美国高级珠宝品牌，以六爪镶嵌钻戒和蓝盒子为标识，因电影《蒂芙尼的早餐》闻名于世。

和化妆品的范畴。他们在2007年前后成立了一个专门的奢侈品部门,后来专门管理JIMMY CHOO、BALLY,以及其他一些不算有名的品牌。他们就这样闯进了时装、皮具这个行业。然而LVMH集团和GUCCI的母公司开云集团已经有了成熟且华丽的品牌组合,是这一行娴熟的玩家。以莱曼家族在时尚圈的经验和资源,第一大难题就是买不到最好的品牌,只能退而求其次。JIMMY CHOO和BALLY资质都不错,但都经历过多次转卖,在各路资本之间流浪,没有人肯花心血做长远规划。

2008年被莱曼家族收购的时候,BALLY是亏损的,直到2013年挖来HARRY WINSTON(海瑞·温斯顿)①的CEO,境况才得到扭转。2011年莱曼家族收购JIMMY CHOO的时候,后者的创始人早已离开公司,品牌被倒卖三次,业绩起伏不定。可以说,莱曼家族手中的奢侈品牌,仍然是有魅力的,经理人也很卖力,但家族不太懂时尚业,不善于把品牌激活,所以不论是地位还是规模,这些品牌都只能位居二线。

2017年4月,莱曼家族放出消息,对奢侈品生意不再留恋,不论JIMMY CHOO还是BALLY,要统统卖光,未来专注于自己擅长的食品生意。2011年以8亿美元收购JIMMY CHOO,2017年以12亿美元卖掉。2008年以6.5亿美元收购BALLY,2018年对外要价7亿美元,最后以未知的价格卖给如意集团——如果按报价算,只能勉强收回成本。他们的投资组合中还有好几个不太知名的时尚品牌,这些品牌在莱曼家族短短几年的持有之后,也都被卖

---

①美国高级珠宝品牌,现隶属于瑞士斯沃琪集团。

出了。

没有大红大紫，没能成为欧莱雅集团或者LVMH集团，这个德国家族用20多年的时间弄明白自己不是很擅长玩时尚。他们及时抽身，将注意力转向自己娴熟的平价消费品生意。《福布斯》曾有篇报道正是以莱曼家族为例的，标题是——"为什么这些全世界最聪明的投资者，把赌注押在啤酒、咖啡和安全套上？"是的，莱曼家族手里还有一些杜蕾斯（durex）的股份。

松下幸之助有一套"自来水的哲学"，ZARA老板、西班牙人Amancio Ortega（阿曼西奥·奥特加）一度超越比尔·盖茨成为全球首富……而他们从事的是最日常、最亲民的消费品行业。莱曼家族最近几年花了几百亿美元收购各种咖啡公司，出产的是人们日常离不开的咖啡，他们的投资组合里还有Krispy Kreme（卡卡圈坊）①甜甜圈、科蒂的香水、杜蕾斯安全套……正是这些每个人都买得起且会不断买下去的小东西，让他们成为德国最富有的10大家族之一。

今天，莱曼家族的"富六代"们还在想方设法躲避聚光灯，但他们太有钱了，人们忍不住去研究他们家族的秘密。有人指出，很多欧洲豪门都会找专业机构和顾问管理财富，他们喜欢投资股票、基金、房地产，莱曼家族却不同——他们离生产、制造这些实际运营是最近的。

莱曼家族建立了一个特别的结构，四位长老从不参与公司的日常运营，而是将公司交给三位职业经理人打理。这三人手里都

---

①美国连锁快餐品牌，以甜甜圈为主打产品。

有一些公司的股份,其中两人是跟随家族几十年的老臣。家族的四位长老和这三位高管看起来十分默契。有报道说,这7个人每个季度都会在卢森堡聚会,一起吃饭,在酒店会议室里讨论公司的事情。那些特别重要的投资计划,就是在这个场合被提出来,由家族做最终的决定的。

莱曼家族在时尚圈做了一把匆匆过客,似乎表明,在今天奢侈品的世界里,不仅从零开始创业行不通,半路出家也很难是奢侈品大集团们的对手。尽管如此,这些不成功的时尚小生意无法掩盖整个家族的辉煌。传承近两个世纪,富至第6代,他们既敢于进入新的领域,也懂得及时止损。以数百亿美元财富登上富豪榜,却安安静静地待在欧洲的一角,从不公开露面。

Fendi①家的女孩

论阳刚，很少有哪个历史时期可以和古罗马时期相比。女人永远是配角，是母亲、妻子、情人或者女儿，很多女人当时甚至没有名字，把娘家姓氏的词尾稍作变化就拿来当名字用。连尤利乌斯·恺撒的母亲也是在出嫁后随了夫姓，才有了像样的称呼。古罗马人大概想不到，他们的后代中会有一个显赫家族，一代又一代都随母姓。这家人姓Fendi。

诞生于现代罗马城的FENDI以皮草商的角色为世人所熟知，但今天的业务已远不止这些，FENDI和其他奢侈品牌一样，有香水、珠宝，也有腕表。2017年FENDI出了一款新腕表，设计师是Delfina Fendi（黛尔菲娜·芬迪）。

看名字就知道她是Fendi家的人，第四代的一个叛逆女孩，她有着不可思议的坚毅，一如她古罗马雕塑般的面孔。她早就在家族品牌之外自创了一个珠宝品牌。身为大户人家的小姐，她的作品却有一种又酷又前卫的街头感：你也许见过这个大眼睛图案，这个超现实风格的设计已经成为Delfina的标识，很受蕾哈娜等一众潮流先锋的喜爱。

---

①芬迪，著名奢侈品牌FENDI的创始人家族的姓氏。

　　Delfina 差不多 30 岁了，似乎是随着她自己的成熟，她的品牌才与 FENDI 有了更多的联系。她几年前开始为 FENDI 设计珠宝，后来设计的是腕表 Policromia，这个词源自希腊单词 poly（丰富）和 khrôma（色彩）。

　　直到今天，在高级珠宝这个圈子，设计师的出身、家族都是很关键的条件。有人说，不是三代贵族，就不要玩珠宝设计。这种现象不仅仅是势利眼、门第观念就可以解释的。高级珠宝过于昂贵，设计师最好从小就开始接触，修炼对美感、材质和工艺的理解，平民家庭没办法让孩子早早起步。

　　在普通女孩拽着妈妈的裙角买人生第一瓶香奈儿五号香水的时候，Delfina 这样的女孩们早已玩遍了奶奶、外婆、妈妈的高级珠宝。所以你在中国也可以看到，万宝宝、叶明子这些珠宝设计师都是"红色贵族"。

　　Fendi 是一个女性占绝对主导地位的家族，是一代又一代的女孩们齐心协力把 FENDI 的皮草、包包和珠宝送到了世界的很多角落。在他们家，一个女孩的出生或许会获得更大声的欢呼，被投注更密集、更期待的目光。"女性身份是加分项。"Fendi 家族第三代的 Silvia（西尔维娅）这样说。

　　20 世纪初，Adele Casagrande（爱德拉·卡萨格兰德）和 Edoardo Fendi（爱德华多·芬迪）夫妇在意大利首都罗马开始自己的小生意，他们的第一家皮草店铺开在罗马 Plebiscito 大道上。他们共有五个女儿，而她们全都投入了家族生意。Fendi 五姐妹的童年就在店铺里度过，十几岁就开始陆陆续续正式上班了，到今天这已经成了一段传奇。

20世纪五六十年代，二战后的意大利或许还有一些残留的忧伤，而Fendi家强壮的女人们才不会沉浸在这种悲观情绪里，她们勤奋工作，行事果敢。1965年，在五姐妹的推动下，一个当时还没有大红大紫的德国设计师成了FENDI的创意总监——他叫卡尔·拉格斐。

第三代Fendi女孩青出于蓝，五姐妹中Anna（安娜）的女儿Silvia早早成为卡尔·拉格斐的设计副手。1997年，她从法国人每天下班带回家的主食法棍面包中得到灵感，设计出FENDI"法棍包"——一个很小的、长条形的包，只能装下口红和一些零钱之类的。

是源于Silvia基因里的设计天分，是跟随卡尔·拉格斐得到了良好启蒙，还是作为女性更懂女人心，法棍包的成功是空前的，直到今天还是FENDI的标签，更被演绎出各种材质、设计、图案的版本。而本文开头的这位年轻的Delfina，正是Silvia的女儿。

Fendi家的女孩实在太出色了。20世纪，在意大利还是男性集权国家的时候，这个家族向元首提出申请，请求允许孩子随母姓。Fendi家的女孩首先很勤奋，第一代的Fendi先生就曾送给太太一幅松鼠的画像，寓意太太每天忙碌得像只松鼠。而太太索性拿松鼠做了品牌的logo（标志），直到后来被卡尔·拉格斐用双F标识替代。"如果你不停止，你就不会有压力。"Silvia这样说。一个Fendi家的女孩，大概是不可能乖乖在家相夫教子的，一定会出门努力工作。

即便拥有一代又一代厉害的女性设计师、CEO，FENDI的历史上还是不断出现一位又一位"关键先生"，他们帮助FENDI从一个最传统的老字号家庭作坊，变成一个全球性的、现代企业制度管理运作下的大品牌，卡尔·拉格斐只是其中之一。世纪之交，LVMH集团主席Bernard Arnault（伯纳德·阿诺）成为FENDI的大股东。2007年，FENDI在中国长城上举办了一场大秀，在那之前还没有哪个品牌有这么大的胆子和想象力，那场秀到今天还时不时被人说起。主导这一切的Michael Burke（迈克尔·博克）当时是FENDI的CEO。而FENDI今天的CEO也做了一个非常大胆的决定，他把FENDI的全球总部搬入意大利国宝建筑——罗马的意大利文化宫。

或许是这一切造就了今天的Delfina，她有Fendi家族的基因，但并没有必须继承家业的压力，从来都是自由发展自己的好奇心和想象力。Delfina不是乖乖女。她10岁从寄宿学校回家时一副朋克装扮，母亲Silvia见到了，丝毫没有改变她的意思。高中时，Delfina就跟着"卡尔叔叔"去香奈儿高级手工坊实习了。大学上了没几天，Delfina退学、生女、自创品牌……

"我就是在这样的环境中长大的，这让我感到自由！"20岁时Delfina在巴黎发布了她的首季珠宝作品，哥特式暗黑风格，灵感来自动物、岩石等她热爱的大自然元素，还是少女的她画出了一个摄人心魄的大眼睛。

快30岁时，更成熟的Delfina设计了Policromia腕表，短片拍得如同梦境。空无一人的意大利文化宫，白色大理石的建筑，你在其中漂浮、旋转，身边掠过古罗马石柱与雕塑。白色头颅雕塑悬在半空中，庞大得令人恐惧。巨大的彩色Policromia腕表在纯白的雕塑、石柱间缓缓裂开，钻石、石雕、机械一点一点分散，与建筑融为一体。

　　将近一个世纪之前,Fendi夫妇创业最初或许只是为了谋生,第二代、第三代把FENDI做成了一个有名的品牌。或许直到Delfina这样的第四代,女孩子们才有足够的自由追求自己天马行空的梦想。Delfina可以尽情热爱最前卫的超现实主义艺术,用大自然里的孔雀石、黑曜石做自己的画笔。对奢侈品来说,最宝贵的莫过于时间。现在设计师Delfina也有了自己的女儿Emma,又一个Fendi家的女孩。It's the circle of life.①

①源自电影《狮子王》,指的是生命循环,代代相传。

江南布衣背后的"中国Prada夫妇"

2016年10月31日,中国设计师时装品牌江南布衣在香港上市。这在中国服装行业,不能不说是一件大事。我们听说过MO&Co.(摩安珂)[1]、ZUCZUG(素然)[2]、EXCEPTION(例外)[3]等品牌的名字,但其中走到上市这一步的还不多。

江南布衣于1994年创立,上市时在中国有1000多家店,并出现在美国。你可能早就在逛商场的时候注意过这些标识——速写、JNBY等。它们爱用黑、白、灰、蓝、绿这样的素色,材质以棉麻为主,设计有一点特立独行,店铺人气好像还不错。

上市前一年,江南布衣总收入超过19亿元,其中超过半数销售额是江南布衣的会员贡献的。江南布衣曾委托灼识投资咨询(上海)有限公司做了个调查,调查结果指出:中国主要的设计师品牌大约有300个,前5名就占了三成的市场份额,而江南布衣排名第一,占据的市场份额达到了9.6%。

江南布衣的核心人物是一对夫妇:李琳和吴健。在研究这家

---

①诞生于2004年的女装潮牌,一直将看似矛盾的时装元素相互结合,在反差与碰撞中掀起全新"男女孩"(BOY-GIRL)风潮。

②2002年创立于上海的时装品牌,重视舒适度,以文艺青年和新中产为目标客户。

③1996年创立于广州的时装品牌,风格简洁,注重文化内涵,不跟风,设计游离于主流之外。

公司的过程中，我不断想起另一对了不起的同行夫妇——Miuccia Prada（缪西娅·普拉达）和 Patrizio Bertelli（帕特里齐奥·贝尔泰利），即 Prada 夫妇。

两对夫妇的相似之处包括：妻子是创意总监、设计师，并对艺术有着狂热的兴趣，负责"天马行空"，决定了公司的灵魂、基调，较少考虑商业回报；丈夫是商人，步步为营，以最大的理性对市场做出判断、决策，管理着内部的大小事务，对数字很敏感；最初的创始人是妻子或妻子的家族，所以妻子的娘家姓氏看起来更加重要。如果你觉得两个品牌不可相提并论，那么不要忘了，现在，它们同是在香港联合交易所上市的公司。

李琳总的来说是个比较低调的人，在不多的几次公开采访中，她都对媒体讲了这么个故事。上市前几年，江南布衣的投资人在考察公司的时候做过一个实验，就是想知道有多少人认得这个品牌。他们去了同一家商场，在同一楼层的几家女装店买了几十件衣服。然后他们又找到商场的许多顾客，让他们在看不见商标的情况下，将衣服和品牌配对。最后，顾客们准确无误地挑出了江南布衣的衣服。李琳好像对这件事感到非常开心，这可能证明了江南布衣的设计具有鲜明的特色，并已深入人心。

李琳1994年毕业于浙江大学化学系，在化工行业工作了几个月就断然辞职开了家小服装店，就在杭州延安路。那个年代，恰逢"杭派女装"集体崛起，出现了浪漫一身、古木夕羊等杭州本地设计师品牌。杭州政府一度出台了很多振兴措施，如果我们继续追溯，这与杭州作为古代丝绸之都拥有深厚的纺织业基础可能也是有关系的。

江南布衣最开始走的是森女风格，从颜色、设计到用料都崇尚自然。至今我们都没有查到李琳有什么时装设计方面的专业学历，她说一切都是因为自己的兴趣。李琳的弟弟李明也在江南布衣，李琳曾说弟弟比她还要不在意市场，不在意大众对设计的评价。似乎姐弟俩都更享受艺术家的身份。

但李琳还是悄悄地改变了风格。在世纪之交的时候，森女风格品牌江南布衣慢慢走出了"大森林"，转向"都市"，让人们日常也可以穿。有媒体这样概括：创业初期，李琳会在自然的面料上绣上几朵小花，衣服松松垮垮的，客人上身后展现出古代江南女子的气韵；后来她受到山本耀司的影响，风格更加简洁明快。

对于李琳这种比较自我的设计，可能有一部分人认为怪怪的，而另一部分人则爱死了这种文艺的气质。恰逢国际上由CELINE（思琳）引领的素色、直线条的"性冷淡"设计风格流行，从诞生时就是这样的江南布衣交了点好运。此外，江南布衣还赢在差异化，有设计感、文艺范、健康自然的气息，而这正符合国内中高端群体的口味。或许这也标志着中国服装行业的变迁：多年前中国服装品牌在设计上模仿国外品牌，批量化、廉价化的销售模式也造就了美特斯·邦威、森马这样的品牌；而今天，最有生命力的中国时装，正是江南布衣这样的设计师品牌。

李琳与我们熟悉的意大利女文青Miuccia Prada一样，都喜欢比较超前的设计，她们好像觉得时装设计仍然无法满足她们对艺术的狂热，都跑去做很多更超前的艺术实验。除了赞助各种艺术活动，PRADA每年还会拍一些短片，一些人看不懂，一些人大呼过瘾，觉得越冷僻孤傲越好——创意总监都不玩超前艺术，品牌的调性还怎么拔高？

李琳对文艺的极端热爱留下了另外几个小故事。比如，传说为了参与某个文艺的采访活动，她这个堂堂女企业家竟然跑到北京去做录音助理。又比如，作为建筑发烧友的她找来巴黎蓬皮杜艺术中心设计者 Renzo Piano（伦佐·皮亚诺）来设计江南布衣杭州总部。不管怎么样，她20多年都在做设计。

当我尝试了解江南布衣的主席兼行政总裁、李琳的丈夫吴健，才发现原来李琳已经算是高调了。如果不是因为上市，我可能永远也挖不到吴健的背景。还好，江南布衣的招股说明书告诉我：吴健，1990年毕业于浙江大学，学士学位，主修制冷设备与低温技术。所以，吴健是李琳不同系的学长，他毕业了，李琳才入学。吴健的姐姐吴立文也在江南布衣，负责采购。

上市路演的时候，吴健公开回答过一些问题。媒体报道中，吴健说，公司过往的发展并非以资本为驱动，也没有一味扩张门店，因此保持了良好的现金流，上市后同样有信心继续保持良好的现金流。当时内地经济增长有放缓的迹象，对此吴健表示，公司品牌以设计师为核心，与其他自身风格鲜明的原创设计师品牌在同一市场竞争。过去两个财年，同店销售增长分别为7.1%及8.3%，这显示出品牌在当前消费升级的形势下依然受到欢迎。他主动说的，大概就这些了。

招股说明书还披露了，其实吴健是在1994年年底，李琳刚刚开始创业的时候就加入了。两人最初的股权比例是李琳52%，吴健48%，后来在公司的一系列结构变动过程中，两人的权益都差不多是1:1的。他们是一对平等的夫妇。我又想起了 Prada 夫妇，他们也是一对互补的夫妇、默契的搭档。

江南布衣显然不是只靠李琳的设计才华就走到现在的,公司过去的20多年里,每个步骤看上去都经过了深思熟虑,没有受到重大的挫折。2003年,江南布衣销售点数量达到400家;2005年,男装品牌速写诞生;2011年,推出童装品牌jnby by JNBY……

这一步又一步,兼顾品牌品质,又适时提升销售额,以比较高的速度逐年增长,没有大起大落。像是有人在安静的角落,冷冷地洞察和操控着这一切。这又让我想起PRADA,这个品牌最近十几年历经沧桑,金融危机的时候更是风雨飘摇。作为丈夫的Patrizio Bertelli是操心业绩、考虑上市融资这些事情的那个人。

一个成功的时装品牌,通常需要一个才华横溢的创意总监和一个运筹帷幄的CEO,缺一不可,有时候,他们碰巧是夫妇。

我和一些比较了解江南布衣的人聊天,他们说:

"上市就是成功吗? 好品牌还有很多,不一定想上市罢了。"

"服装公司都是熬出来的。"

确实,如果说上市意味着江南布衣的成功,未免有些轻视这对夫妇。毕竟他们不是那种想一个点子、为自己代言、拿投资、上市、套现、业绩跳水、再私有化的那种人。他们20多年都在做衣服,他们早就成功了。

社交媒体压迫下的60后设计师

2018年年底Raf Simons(拉夫·西蒙斯)①离开CALVIN KLEIN(卡尔文·克莱恩)②时，业界一片哗然，人们想起他在DIOR也是突然离职的事情。研究他为什么离开DIOR，不如研究他的继任者做了什么，从而坐稳了职位。

DIOR设计师的位置空缺了一段时间后，迎来了在VALENTINO(华伦天奴)③工作很多年的女设计师Maria Grazia Chiuri(玛丽亚·嘉茜娅·蔻丽)。她将VALENTINO的风格带进了DIOR，使DIOR往野性、街头、叛逆的方向走，同时她大声宣扬女权。外界对此褒贬不一。DIOR的设计伤筋动骨，但赢得了当代少女的心。不难看出，她的做法符合老板对DIOR的规划，设计和营销步调一致，使DIOR赢得了千禧一代，业绩好。衣服卖得好，设计师才能坐得稳。

这也是为什么Raf Simons又这么突然地离开了CALVIN KLEIN，设计叫好不叫座，品牌业绩不行。他2016年加入CALVIN KLEIN，折腾得很凶。改logo，将logo中的CALVIN KLEIN全大

①比利时时装设计师，曾担任DIOR创意总监。
②美国时装设计师Calvin Klein创立的同名品牌，涉足服装、配饰、香水等品类。
③意大利高级时装品牌，涉足高级定制、成衣、香水等众多品类。

写,同时调整字体和间距,往高级感走。评论说他的设计"带领品牌迈向了全新的审美高度",他的设计屡获重磅大奖——不可谓不美。

但奇怪的是,新的CALVIN KLEIN卖得不好,母公司PVH集团的财报数据难看。Raf Simons的变革很花钱,创意和营销支出大增,直接吞掉了几个百分点的净利润。"在新系列上的投资没收到相应的回报,我们感到失望。"PVH集团董事长把话都说到这份儿上了。

人们也不会因此责怪PVH集团冷血。PVH集团是一个美国服装集团,旗下品牌大部分都比较平价,经常和outlets(奥特莱斯)打交道,利润本来就很薄。后台那么硬的DIOR尚且斤斤计较短期利益,就不要指望PVH集团这样勤俭持家的公司为设计师的梦想烧钱了。

设计师因为品牌业绩不好而辞职,在欧美时装圈,这样的例子俯拾皆是。很多时候,在设计师个人身上,表现为一种创作梦想和商业现实的冲突。Raf Simons不是个案,他甚至不是冲突最为激烈的那个。Hedi Slimane(艾迪·斯理曼)[1]比Raf Simons情商高不到哪里去,他在离开YSL(圣罗兰)之后,和老东家打起了讨薪官司,后者也颇为孩子气地把社交媒体上关于Hedi Slimane的信息一口气删了个精光。

Hedi Slimane有一段失意的空窗期。有传言说,他本人曾现身卡塔尔首都多哈。那是卡塔尔断交危机之前,这个国家因为在高

---

①法国设计师,曾担任DIOR男装创意总监,作品深受好评。

级时装圈进行大笔投资,被认为是理想的金主。人们猜测 Hedi
Slimane 终于找到听他指挥、让他做主的资本,结果他态度异常坚
决地否认了这一点。

今天他在处于风口浪尖的 CELINE,做事仍然非常自我。他
第一喜欢改 logo;第二无论为什么牌子服务,都设计得"很 Hedi
Slimane",不论是最早的 DIOR 男装,还是后来的 YSL,或是今天的
CELINE。粉丝们半开玩笑,Hedi 啊,反正你设计的都是那种给苍
白瘦男孩穿的暗黑摇滚装,为什么不干脆自己创一个品牌呢?

谈何容易,做一个品牌,会设计就行了吗? 有人说,员工要有
应对老板的智慧,而设计师则需要懂得和资本方沟通。赢得属于
自己的利益,让设计按照自己喜欢的方式展开——这一切,都是在
品牌大卖、赚钱的前提下。

还有两个待业中的设计师,大家都很喜欢。一个是刚刚离开
CELINE 的 Phoebe Philo(菲比·费罗)[1],还有一个就是休息了太久
的小胖子 Alber Elbaz(阿尔伯·艾尔巴茨)[2]。Phoebe 为 CELINE 带
来了惊人的成功,却因为骨子里对互联网、社交媒体的抵触,无法
配合老板对 CELINE 的新规划。她的离开很平静。小胖子的情况
更简单,就是和老板王效兰私人关系破裂。两不相让的结果,就是
LANVIN 这个品牌"跌跌不休",到复星时尚集团接手的时候,价值
只剩区区 1 亿欧元。例子太多,不胜枚举,连香奈儿女士当年都和
资本方争得不可开交,好在犹太兄弟最终说服了她。

---

①英国设计师,曾分别在 Chloé(蔻依)和 CELINE 等品牌担任创意总监,简洁的设
计深受喜爱。
②以色列设计师,曾担任 LANVIN(浪凡)创意总监,作品深受喜爱。

一个品牌能否成功，设计师和CEO都很关键。设计师出现在大秀的尾声，很容易被当成明星，因为才华、作品收获很多的爱，骂声也不少。而CEO没有太多抛头露面的机会，他要操心管理、营销，做很多艰难的决定。然而，这两个角色本质都是打工仔，定期交作业，完成KPI（关键绩效指标）。资本方、老板才握有最大的权力。老板不满意，设计师和CEO都要走人。要说走马灯，很多品牌CEO更换的频率一点也不逊于设计师。

资本方看起来为所欲为，其实也是业绩的奴隶。财务数据就是他们的紧箍咒，特别是那些上市了的公众公司，大事小事都会反映在股价上，每个季度都有财务报告。糟糕的数据不会被容忍太久，如果出现了巨大的滑坡，就必须有人离职谢罪。这些威风的权势人物，很多时候如坐针毡。

于是，我们看到了设计师的求生欲。他们想尽办法要让自己的作品大卖，为此，他们也挖空了心思。在2018年年底，一个比较主流的做法就是：做网红。资本方的思路很直接，如果我的设计师不是网红，那就把他赶走，找网红设计师过来。不信你看牵手Supreme①，又挖来Virgil Abloh（维吉尔·阿布洛）②的LV男装，迎合的正是当下社交媒体上最火爆的街头潮牌风。DIOR男装找来Kim Jones（金·琼斯），连DIOR珠宝也找了个潮牌珠宝创始人做总监。

———————

①最初专为滑板运动员和爱好者设计服装，后来逐渐演变为美国街头潮流品牌的代表。于1994年秋季诞生于美国纽约曼哈顿，由James Jebbia（詹姆斯·杰比亚）创立。Supreme的本意是最高、至上的。
②美国设计师，潮牌Off-White的创始人，在嘻哈音乐等领域具有影响力。

　　还有当下大热门BALENCIAGA(巴黎世家),其设计师是通过VETEMENTS(维特萌)①证明自己的Demna Gvasalia(丹纳·瓜萨里亚)②。他太懂得社交媒体了——时不时扔出一个令人忍无可忍的丑陋作品,实现全球刷屏。作品是网红,最好设计师本人也是网红。不少年轻的80后设计师,懂得经营自己的社交账户,把粉丝搞得多多的。这方面最成功的当属Olivier Rousteing(奥利弗·鲁斯汀),他在BALMAIN(巴尔曼)干得不错,在Instagram(一种图片分享社交应用)上干得更好。

　　他的外表如此精致性感,在少男少女声音很大的社交媒体上,是吸粉利器。他交往卡戴珊家族,主动向流量靠近。他个人的Instagram账号有500多万名粉丝,靠这个把品牌炒热,把自己的位置稳住。万一哪天在BALMAIN干得不爽,走人之后,这些粉丝都是他自己的,是吸引下一个东家的筹码。

　　另一个案例是王大仁③,在他身上,我们看到了一个初代网红设计师内心的纠结。王大仁长得帅,以直男的身份出现,每次谢幕都长发飘飘,在舞台上欢脱地跑一圈……这些都是他身上的"梗"。他出道时社交媒体还没这么大的能量,传统媒体把他捧红,将一仆二主的他推至在BALENCIAGA、alexanderwang(亚历山大·王)两个品牌的辉煌巅峰。

　　以上可以看出,设计师在社交媒体的压力下,有主动做网红的

---

①潮牌,以DHL(敦豪航空货运公司)工作服T恤等潮流单品走红一时。
②格鲁吉亚设计师,和兄弟一同创立潮牌VETEMENTS,后加入BALENCIAGA,推动品牌业绩持续上涨。
③华裔设计师,曾担任BALENCIAGA创意总监,创立了个人品牌alexanderwang。

趋势。似乎唯有这样,才能将自己的设计卖出去,保住自己的职位。

王大仁接下来的故事,反映出设计师这个群体内心的另一面。他终究放弃了BALENCIAGA的职位,专注于自己的品牌。"做自己梦想中的设计",哪个设计师夜深人静时没惦记过这事儿?今天,王大仁的个人品牌发展得不怎么样,又让我想起了Azzedine Alaïa(阿瑟丁·阿拉亚)。这位出生于20世纪40年代的大师纵然才华横溢,也无法磨平自己的棱角,最终寂寞地游走于高级定制圈之外。往更远处说,音乐神童莫扎特,本可以做一个高薪厚禄的宫廷乐师,却受不了王室贵族浅薄的音乐品位,非要在维也纳做自由音乐家,靠着偶尔写一些小乐谱卖钱,支撑自己的梦想。

对于选择创意工作的那些天才们,梦想和金钱的冲突是永恒的难题。几个世纪前他们还有机会被王室、贵族"包养",今天,这样的机会越来越少。我们知道的仅有的当今案例来自腕表品牌PARMIGIANI(帕马强尼),品牌背后的资助人是瑞士山度士(Sandoz)家族。在制药领域积累的惊人财富,给了家族赞助艺术、精湛工艺的财力。他们的好品位,让他们愿意长期支持一个品牌。

回到时尚圈,我们不禁要问,难道设计师只有一条路,即顺应所谓潮流,个个做网红吗?Raf Simons, Hedi Slimane, Phoebe Philo……这批生于20世纪六七十年代的设计师们,念书、创作、形成个人风格,和社交媒体没什么关系;而Olivier Rousteing、Demna Gvasalia、Virgil Abloh和王大仁都是80后,他们玩得转社交媒体。结果是我们看到那些前辈设计师们,在即将成为大师的50岁上下面临失业。

社交媒体传播成本极低——随时随地可以发微博或Instagram,门槛极低——只要这个人有一个可以上网的手机,而且越闲的人声量越大——年轻人、情绪冲动的人、工作不忙的人发了最多的帖……种种因素使人性中最肤浅、最接近本能的一面被放大:评价一位歌手不是根据他的歌,而是长相;一件衣服卖得好不好,设计师红不红是决定性因素。结果就是主流的欣赏品位在变坏。

时尚圈的商人不可能用真金白银去抵抗这种趋势,他们理性的选择是顺应、迎合。那么究竟怎样才能保住好的设计、给优秀设计师以创作的空间和自由呢? 也许私人公司会好一点,以香奈儿为例,香奈儿不需要每季度公布财报,可能会多一些创意的自由。也许大集团里的顶级品牌可以稍有幸免。就像历峰集团(Richemont)①的dunhill(登喜路)、LVMH集团的Berluti(伯尔鲁帝),大集团不需要每个品牌都出去赚钱,如果有个品牌有幸得到老板宠爱,便可以稍稍有一些对品位、格调的坚持。至于BFC(英国时装行业协会)、CFDA(美国时装设计师协会)这样的行业协会,或许也能做到不"唯金钱论",支持一些商业化前景还不明朗的设计师——主要是年轻人。

回到Raf Simons、Phoebe Philo和Alber Elbaz的故事,他们服务的品牌都肩负着养家糊口的重任,自然时时刻刻都要赚钱。而这几个目前无业的设计师,可能永远不会成为一个在Instagram上面耍宝的网红。

---

①卡地亚(Cartier)母公司,全球三大奢侈品集团之一,旗下拥有众多高级钟表、珠宝品牌。

　　我们也许可以寄希望于资本方对长远利益的贪婪。毕竟社交媒体的兴起也才10年左右的时间,已经有不少人感到了厌烦。人类用了这么多年摆脱了原始的动物性,怎能这么快就回到一个只看脸的世界?

　　如果资本方判断,对社交媒体的过度妥协,会导致长远的失败,或者提前感受到,公众对"从前慢"的渴望在滋长,他们可能会为那些孤傲的设计师的才华投资。用道德和责任来给商人施压是幼稚的,我希望他们早点发现,不对社交媒体妥协有可能更赚钱。

设计师背后的推手

2018 年 9 月 17 日晚，伦敦时装周进入尾声，Christian Louboutin（克里斯提·鲁布托）①为中国设计师张卉山的大秀搭配了鞋子。张卉山的品牌 HUISHAN ZHANG 这一季的作品概念是"未来主义"，张卉山和同样长期待在伦敦的艺术家张月薇合作，以数字时代和太空旅行为灵感展开创作。绸缎、薄纱、透明硬纱和棉质品被巧妙缠在模特身上，全部由手工打造，还有短裙外扩的轮廓，这些都是张卉山的符号。

张卉山在中国的名气，赶不上他在国际上获得的认可。他是青岛人，17 岁去新西兰留学，辗转到了伦敦，毕业于中央圣马丁艺术与设计学院（Central Saint Martins College of Art and Design）。学生时代，张卉山引起了 Delphine Arnault（德尔菲娜·阿诺）的注意，她是全球第一大奢侈品集团 LVMH 主席 Bernard Arnault 的大女儿。后来，张卉山得以进入 DIOR 实习。那段经历对张卉山产生了深远影响，他第一次见识到一个品牌拥有着如此神秘的力量，让人魂牵梦萦。在他创立个人品牌 HUISHAN ZHANG 以后，很多人说从中看到了 DIOR 高级定制的影子。

---

①法国设计师，以经典的红底鞋设计闻名于世。

今天HUISHAN ZHANG品牌已经小有名气,出现在世界知名的精品买手店里,中国设计师品牌在国际上有如此表现非常难得。年少时的游历让设计师沉稳淡然,却仍个性十足。他骨子里的东方古典浪漫情怀和西方高级定制的精致手工艺加以融合,让设计历久弥新。

2012年春夏系列,张卉山以电影《花样年华》为灵感,运用解构手法制作传统长衫,将数码图案的圆珠片,以马赛克方式排列出龙的图案。这个系列中的一件结合了3D技法的腾龙刺绣设计,被伦敦V&A博物馆选择收录为永久藏品。在这之后,每年张卉山都会在伦敦时装周上发布新一季产品,收获了一批忠实粉丝。2017年和2018年,他两度入围BFC/Vogue Designer Fashion Fund(设计师时尚基金大奖,以下简称为BFC/VFF)的角逐。

要研究伦敦时装周,你可能很难绕过BFC。BFC是1983年成立的,最重要的工作是组织一年两次的伦敦时装周,当然还有很多其他复杂的职能。总结一下,就是张罗各种活动,建立各种合作,为的是保持英国设计的原创性、创新性,提升英国时装在全球的地位。

BFC是一个非营利性组织,但是拥有强大的资源整合能力,是英国时装圈的规则制定者,其能量首先体现在对资金的调动上。很多时装行业的领袖,比如LVMH集团、国际羊毛局等都有意愿出钱支持行业发展,挖掘设计新人,保证自家基业长青。此外,还有很多财力雄厚的圈外赞助商,也想接近最优秀的设计师,为自己的生意寻找时尚智囊,扩大在时尚圈的影响力。

这体现了典型的英国式的思维方式。英国是经济学的发源地,英国人做任何事都会按照市场逻辑,使用最灵巧的商业工具。BFC把收集来的各路资金设置成不同的基金,按照不同出资人的特点,将不同基金投向合适的设计师。比如与国际羊毛局相关的基金自然就会被用于和羊毛、羊绒相关的设计师。大名鼎鼎的BFC/VFF在美国有一个姐妹基金叫作CFDA/Vogue Fashion Fund(时尚基金大奖,简称CFDA/VFF),也是时装设计师梦寐以求的。

官网上列出的BFC成员也非常有趣:有时装行业内外的各路赞助商,还有伦敦市长(可能是指市长代表的政府资源),以及欧洲区域发展基金等。

每年BFC都要举办各种时尚主题的活动,还有各种设计比赛,获胜的设计师品牌将获得奖金。提供奖金的基金五花八门,金额差不多,相当于每年100万～300万元。不论设计师品牌是处在起步阶段还是小有名气,都有适合它们的项目。但这笔钱并不好拿,设计师要给出详尽的花钱方案,经过导师的严格"拷问",才能使钱顺利落袋。

BFC现在的CEO是Caroline Rush(卡罗琳·拉什),我在伦敦见到了她,一位亲切务实、语速很快的女士。她穿着很简洁,不是T台上那种戏剧性的夸张风格。其实,全球奢侈品网上专卖店NET-A-PORTER(颇特女士)的创始人Natalie Massenet(娜塔莉·马斯内)曾经也做过BFC的CEO。或许是想营销一下,2018年5月BFC任命人见人爱的大卫·贝克汉姆为"大使型总裁",其功能有点像吉祥物。

看起来,BFC对自己在英国时装方面取得的杰出成就非常骄傲。他们认为,从体面的金主那里募到钱,找到新的天才设计师,只体现了他们专业能力的一小部分。BFC 对设计师扮演着导师般的角色。不论设计师是需要发展电子商务、需要法律顾问，还是对设计方向、商业化路径有困扰，BFC 都有能力找到最合适的人，帮他们解决问题。

BFC/VFF 是 BFC 众多基金中最引人注目的一只，2008 年创建，旨在扶持英国本土的年轻设计师，每年会为获奖者提供 20 万英镑的奖金。历届入围者都是时尚圈的新锐翘楚，包括 Christopher Kane（克里斯托弗·凯恩）①、Erdem Moralioglu（艾尔丹姆·莫拉里奥格鲁）②、Mary Katrantzou（玛丽·卡特兰佐）③，还有张卉山。

用"当红炸子鸡"形容这些设计师可能不够恰当，因为英国人多少都是有些羞涩内敛的。为了获奖，年轻设计师个个都很拼，奖项不仅意味着资金，更是一种实力、才华的证明，戴着获奖者或入围者的光环出来闯天下，会有很多梦幻般的机会。

2018 年 9 月 17 日晚，HUISHAN ZHANG 大秀之后，京东在伦敦举办鸡尾酒会，宣布将和 BFC 展开更多的合作。今天，四大时装周存在竞争关系，彼此不服，BFC 还是会主动带着有潜质的设计师去巴黎、洛杉矶、纽约和香港，还会去一些南美的重要城市。归根结底，BFC 的愿望，就是想让全世界各个角落的人，都爱上英国时装。

这几年在时装圈非常活跃的京东和 BFC 相遇后，发现了各种

---

①出生于 1982 年的苏格兰时装设计师，同名品牌已被开云集团收购。
②加拿大设计师，创建了同名品牌 Erdem（艾尔丹姆）。
③出生于 1983 年的希腊设计师，以大幅彩色印花设计著称。

各样的合作机会。比如,京东可以将英国设计师、品牌介绍到中国,送进中国的买手店和线上店铺。京东还可以和中国设计师一起参加BFC主办的伦敦时装周,为中国设计师创造更多在国际时装圈展示的机会。

有趣的是,随着年轻一代中国设计师日益国际化,很多时候他们自己就有双重背景。京东这次合作的三位中国设计师李筱、陈序之和张卉山都是在中国出生,在英国完成设计专业学业的。

其实,京东在美国也在做类似的努力。2017年9月,京东与CFDA/VFF达成合作。这只基金的背景也非常华丽,女魔头Anna Wintour(安娜·温图尔)每年都会付出巨大心血来甄选设计新人,很多当红的美国设计师都是从这里起步的。此外,纽约时装周对数字化非常开放,即秀即买虽然有争议,但一直有品牌在尝试。未来时装世界同样是数据和技术的比拼,时装展示和销售的形式也在不断革新。

中国时装品牌目前在国际上的认可度还不够高,在设计之外,英美对这门生意的经营方式也值得研究。曾有人说做设计师品牌是烧钱的富人游戏。也许未来,国内能有更多的通道,让才华和资金相遇;也许未来,资金和设计,可以在国际间更自由地流动。

郑志刚为什么必须做好K11艺术购物中心?

上海淮海路新世界大厦一尘不染的大堂里,有一位穿着考究、颇有英式管家风度的上海老先生。不用示意,他已抬手为你按下电梯,往门外看一眼,他就让你面前飞快出现一辆空出租车。对于"老板来了"这件事,他可能是为数不多的没有战战兢兢的员工之一。

他的老板是郑志刚,一个1980年出生,头衔写满一页纸的人。郑志刚还没坐下就对我说了两遍"我们开始"。他每个月都要在内地工作数日,时间表要精确到分钟,淮海路上的K11艺术购物中心(以下简称K11),是他的作品。

他不愿意谈外界最感兴趣的话题——他的家族。他祖父郑裕彤从小金铺起步,建立起巨大的商业帝国,在《福布斯》富豪榜上位于全球前100名。我与郑志刚会面是在2016年春天,那年9月,他的爷爷郑裕彤以91岁高龄去世。郑志刚很早就被视为家族第三代的接班人,但他的人生谈不上容易。

K11所在的淮海路,早年叫作霞飞路,至今保持着绿树掩映、曲径通幽的状态。早年,香港的超级富豪们都认为这就是上海的核心。新鸿基地产发展有限公司(以下简称新鸿基)、新世界发展有限公司(以下简称新世界)、九龙仓集团有限公司(以下简称九龙

仓)都把在内地的第一个房地产项目选在这条街上，那大约是在
20世纪90年代。

淮海路就像第一代港商闯荡内地的纪念馆。他们延续了在香
港时对房地产的热情，以及高超的建筑与管治水平。然而在当年
这却是一个充满风险的决策，毕竟在香港回归前后，因为担忧而去
了海外的港商也不在少数。

K11在上海一开幕就引起轰动，时髦富有的上海年轻人在
K11门口排起了长队，为了进入地下第三层的艺术馆。那里展出
过克劳德·莫奈的真迹，后来又展出了萨尔瓦多·达利的作品，我去
采访时正在举办一个叫作"包·当代"（BAGISM）的展览。把购物
中心地下3000平方米的空间做成艺术馆，这个奇特的做法使K11
在中产阶层快速崛起的上海成为热门地。

然而，在香港和上海那些年长的房地产商眼里，郑志刚这个年
轻人还需要拿出坚实的财务数据，以证明K11在商业上是成功
的。K11被归在上市公司新世界旗下，并不会单独公布全面的数
据。让前辈们认可是不容易的，他们总是质疑K11是否只是一个
漂亮的招牌，是郑家的一个噱头。

采访中，郑志刚举出了K11的许多数据，比如令人羡慕的客流
量、整个商场销售额的增幅。他说上海K11开幕第一年就实现了
盈利，但他不想公布销售额是多少。

对郑志刚来说，K11帮他实现了个人抱负和兴趣——他酷爱
艺术，早年求学选择与艺术相关的专业，后来又在国际艺术圈浸
泡。要借出莫奈、达利的真迹做展览，只靠金钱是不行的，还需要
国际艺术圈的人脉和认可度。

郑志刚想做不一样的东西,这个东西能代表当下年轻人的趣味。作为一个1980年出生的人,他觉得自己更理解80后、90后。容易被拿来比较的,是同在淮海路的新鸿基开发的环贸iapm商场。环贸iapm商场经常举办一些魔术、马戏、芭蕾活动吸引孩子们,这些要远比当代艺术通俗易懂,同样带来了很大的客流量和红火的生意。

销售额、利润对于K11来说,并不是现在的首要目标。新世界很早进内地,商场只能代表那个时代的领先水平,在今天则被认为太过传统,加上内地电子商务锐不可当,新世界亟需改变。K11恰好扮演了一个年轻、有活力的角色,成为新世界的新标签。新世界这个诞生了快一个世纪的商业航母,以此来证明自己并未落伍。

K11在家族内外证明了郑志刚的能力,也正是因为K11,越来越多的人确信,郑志刚将是家族第三代接班人。而郑志刚不仅会不断被问"K11赚了多少",随着他在新世界、周大福承担更多的责任,他还要回答"怎样在内地做生意"这个令当下港商集体困惑的问题。

香港的零售行业连续多年深陷泥潭。2015年,香港的上市表行绝大部分都出现亏损乃至巨亏,赴港旅游的内地游客人数持续下滑,而中国内地被国际咨询公司预测即将成为全球最大的零售市场。新一代港商,就像香港明星演员一样,大举北上。

郑家有两块最重要的生意,做珠宝的周大福和做房地产、百货等行业的新世界。他们甚至把触角伸进传媒业,成为《周末画报》母公司现代传播集团的股东。至于代理豪华汽车,在郑家是很小的生意。郑志刚这一代的港商,带着家族长辈——第一代、第二代香港巨商的烙印。

你不难看出英国文化制度对郑志刚的深远影响。他接触时尚圈，与他会面的有贝嫂（维多利亚·贝克汉姆，Victoria Beckham）、BURBERRY的前CEO Christopher Bailey（克里斯托弗·贝利）这些英国人。

如果你去K11看展，或许你应该多带件衣服，展厅的温度被设定得非常低，这是为了保护珍贵的展品。在当时那场包袋和现代艺术结合的展览上，你能看到过去几百年来留下的令人惊叹的包袋，有尽人皆知的戴妃包，有更古老的、用芝麻大小的白色珠子制作的、耗费大量人力编织成的小手包。现代艺术被融入其中，有些并不那么容易理解。郑志刚说，有人看了不止一遍。

我问过他，怎么想到把艺术和商业结合起来的，有没有借鉴国外的经验。他有些许激动地问道："你去过很多国家，逛过很多购物中心，有看见这样将商业和艺术融为一体的购物中心吗？"他说K11是自己和团队原创的作品，希望有真正的中国原创出现，并且影响世界。现在在国内外都有模仿K11的购物中心，但它们学不到灵魂。

一个有野心的新一代港商想做到彻头彻尾的不一样，同时他还要密切关注，K11带到各个城市的当代艺术有没有太高深，是不是符合当地人的口味。

在K11，年轻潮人疯狂涌向地下的艺术展。而爷爷奶奶们会带着孩子们到五楼，看养在购物中心里的小香猪、奶牛。阳光穿过屋顶的玻璃投射进来，孩子们就在小小的农田里种菜，这些蔬菜有时可以被收割下来，送到几步之遥的餐厅里做成一道美餐。

市民们为这些大胆的创意惊叹,然而真正重大的决定与小香猪无关。新世界已经很难挤进当下一流房地产港商之列,2015年,他们甚至大量抛售在内地二、三线城市的物业,这被认为是看淡内地房地产行业的表现。

然而就在2016年8月,郑志刚和父亲郑家纯一起在深圳买下了一块重要的地。郑家怎么可能放弃内地这个大市场?郑志刚还为周大福开发了一个高端珠宝系列,据说他亲自参与了其在土耳其的创意设计过程。周大福不想继续和中国大妈、土黄金联系在一起,虽然按销售额算,周大福是全球最大的珠宝商,但一直缺乏奢侈品的气质。

从新世界到K11,这是一条艰辛乃至凶险的路,很多豪门后代在拥有巨大财富后拒绝接班,而郑志刚显然已经为自己人生的路做出了选择。

上海连卡佛为什么非要开在淮海路？

2013年，上海连卡佛(Lane Crawford)旗舰店开业，几个月里我去了六七趟，几次打车，几次乘地铁。出租车司机没有一个知道连卡佛，对于"淮海中路99号龙门路口"这个地址也一脸茫然，地铁的拥挤与换乘的烦躁就更不用多说了。

我获得了几次正面采访连卡佛负责人的机会，但有一个问题始终得不到满意的答案：连卡佛，你为什么非要开在淮海路？

连卡佛2001—2006年在上海开过一家店，但不论是上一次代理商开店还是这次开直营店，都选择了同一个房东——大上海时代广场。可见，对于连卡佛上一次在上海关店，管理层并不认为是选址出了问题。

连卡佛开在一个丁字路口，"丁"字的一横是淮海路，一竖则是一条名为龙门路的羊肠小道。站在连卡佛的正门口向外看，面对着窄窄的龙门路，人迹罕至，路边是金钟广场和兰生大厦，两座商业广场对连卡佛形成了不小的压迫感。第一次去时，由于选址太隐蔽，我以为自己来到了后门。

放眼全上海，连卡佛所在的位置确实是城市的核心。上海在2011年痛下决心，将黄浦区和卢湾区合并，其中一个目的就是要把淮海路东西段统一起来，好好规划，使淮海路能与南京西路竞争,成为奢侈品街区。

但这一带"包袱"太多,很多20世纪晚期甚至计划经济时期遗留下的建筑规划凌乱,各种业态的搭配组合不伦不类,人气惨淡。当时与连卡佛紧邻的位于金钟广场的玛莎百货便是一个典型的失败案例,连卡佛开业后没几年,玛莎百货就惨淡撤退。

香港人最讲风水,那为什么独爱这个街区?原来,连卡佛所在的大上海时代广场是香港房地产公司九龙仓旗下物业,所以连卡佛两次在上海开店,都租在了这里。继续上溯,我发现,这是一个"香港家族企业抱团进军内地"的故事。

这还得从"船王"包玉刚说起。20世纪70年代起,船王展开了各种兼并、收购、重组运作,涉及航运、房产、零售等行业。错综复杂的家族产业帝国中,我们再谈两个人:包玉刚的二女婿吴光正,以及吴光正的女儿吴宗恩——资料显示她出生于1977年或1979年。

当时,吴光正还未交班给儿子吴宗权,仍然是房地产公司九龙仓的主席,吴宗恩是连卡佛的主席。也就是说,连卡佛的老板是九龙仓老板的女儿。九龙仓早走一步,在内地做起了地产。女儿追随父亲北上做生意,两次开潮店都选在父亲的商场里。家族、同乡、老搭档……开拓新市场的时候,抱团的现象再正常不过了,抱团各方可以节省沟通成本,也可以共享各种资源——这一点绝对不能小看!

我想起香港"玩具大王"蔡志明的独子蔡加赞。蔡加赞一心要做名表行生意,被问到在内地如何选址时,蔡加赞说,计划在厦门开店,因为在厦门有他父亲经营已久的商业地产,会首选自家商场。连卡佛在内地的第二站选了成都，选在成都国际金融中心，这也正是九龙仓在成都的项目。

夸张一点说，九龙仓走到哪里，连卡佛就跟到哪里。九龙仓在内地的发展伴随着各种波折，大上海时代广场于2000年开业，是九龙仓在内地的落子之作。当时香港房企在内地处在起步阶段，九龙仓的思路是抓内地重点城市、进核心街区、"抱大腿"。

但大上海时代广场10余年来一直是上海闹市的孤岛，人气不旺。2001—2006年开连卡佛，连卡佛关店装修后开的家族另一品牌美美百货仍以关店告终。随后经历了一段租户繁杂、人气清淡的日子。2012年再装修，2013年连卡佛归来。

的确，以九龙仓与连卡佛这种关系，九龙仓的什么经验和资源肯定都会向连卡佛敞开。但在商言商，九龙仓毕竟是上市公司，不可能真金白银地支持连卡佛。股东在上，一切按规则办，就算连卡佛想晚点交租，恐怕也是不容易的吧！如此看来，与其说是九龙仓"罩"着连卡佛，倒不如说是连卡佛帮助九龙仓消化了一处不尽如人意的物业。

直到今天，不论是工作日还是周末，上海连卡佛客流仍然不够理想，有时店员比客人还多。作为旁观者，我仍忍不住感叹：连卡佛，你不必如此小心。不依赖九龙仓，狠狠心花个大价钱，想尽一切办法抢家真正好的店面，或许才是出路。

上海淮海路上的香港豪门

上海淮海路，以前名叫霞飞路。从常熟路淮海路路口算起，到淮海路连卡佛为止，加在一起只有三四公里，却是各路香港豪门云集的路段。我以前很喜欢逛南京西路，但现在却越来越沉迷于逛淮海路，一边逛一边盘点这些香港豪门的各种故事。

淮海路常熟路路口有一座不太起眼的建筑，名字叫作"爱美高大厦"。说到这里可能有人已经想起来了，爱美高集团(中国)有限公司(以下简称爱美高)是香港股坛狙击手、经常出现在八卦版面的大富豪刘銮雄的公司。刘銮雄很早就自己出来创业了，他和原配太太宝咏琴最早创立的就是一个叫作"爱美高"的电风扇公司，英文名叫Evergo。20世纪70年代，美国遭遇石油危机，于是倡导节能环保，人们减少使用空调，对电风扇的需求很大，所以刘銮雄的爱美高生意不错。后来刘銮雄的生意越做越大，经手过不知道多少家上市公司，但据说他对爱美高这家公司甚至这个名字都是很有感情的。

我曾偶然间进入了这座爱美高大厦，在地下一层，我发现了挂着华人置业集团有限公司(以下简称华人置业)标识的办公室。华人置业是刘銮雄最重要的房地产公司，办公室也设在淮海路的爱美高大厦里。这座大厦在绿树掩映下，除了一家星巴克之外没有什么商业配置,所以你大概不太容易发现这是刘銮雄在上海的基业。刘銮雄喜欢炒股,对实体生意兴趣不算很大,所以他在内地的生意其实不多,在房地产方面就更没什么拿得出手的项目了。

　　沿着淮海路往东走不到一公里,你会遇到现在上海最火爆的购物中心之一——新鸿基环贸 iapm 商场。新鸿基大概是目前香港最大的地产商了,在内地发展的特点是高度重视一线城市,总是把项目开在最好的位置。这个商场的位置也是非常好的,以前这一带最出名的是襄阳路市场,这里曾经是最大的山寨奢侈品市场,席琳·迪翁(Celine Dion)①来上海演出的时候甚至还来这里买过东西。但多年前这里大规模明目张胆卖假货的铺子已经被捣毁,只有一些小商小贩在偷偷兜售假包、假表。新鸿基的这个购物中心比起他们在陆家嘴的那个定位要年轻一点,品牌组合、结构设计什么的都比较活泼。镇场子的是 PRADA 旗舰店,PRADA 在整座大楼外面竖起大幅造型奇特的外墙装饰,金色和银色相间,据说装修材料是 PRADA 专门在苏州订制,然后送到上海来安装的。购物中心的背面,比较隐秘的地方是被新鸿基命名为"上海天玺"的豪宅,黄金地段,闹中取静。

　　新鸿基的老板是有名的郭炳湘、郭炳江、郭炳联三兄弟。郭氏家族在香港留下了很多戏剧性的豪门故事,除了大富豪复杂的感情纠葛,母子、兄弟之间的争权夺利,富豪的牢狱之灾之外,最轰动的是多年前的绑架案件。总之新鸿基在内乱了一段时间之后,加快了在内地的发展,资金实力非常雄厚,开发出来的项目规模大,

①加拿大女歌手,多次获得格莱美音乐大奖,因演唱电影《泰坦尼克号》主题曲《我心永恒》而家喻户晓。

定位也很高。

　　继续往东走一公里多，就到了一个港商扎堆的地方。在黄陂南路路口这里，有"上海姑爷"罗康瑞的瑞安广场，紧挨着的是上海新天地。大家都知道罗康瑞娶了"最美港姐"朱玲玲，所以你能经常在这一带看到朱玲玲的摄影展。罗康瑞20世纪90年代就来内地了，在港商里面是非常早的，他的新天地项目在当年一炮而红。在新天地，你也许会注意到，很多沿街店铺都是斯沃琪集团麾下的。宝珀（BLANCPAIN）、雅克德罗（JAQUET DROZ）和HARRY WINSTON都开在这里，奢侈品的氛围很浓。

　　紧挨着的还有一座低调的楼——中环广场，这又是新鸿基的楼，是新鸿基在上海的第一个项目。中环广场人气一直不怎么旺，写字楼比例大、商业少、空置率高，新鸿基后来重新装修了中环广场，可能有意提升客流量。

　　这个路口还有当下最火热的艺术购物中心K11，K11是香港四大家族之一的郑裕彤家族的生意，创始人是郑裕彤的孙子郑志刚。郑家最大的生意是周大福，按照销售额算，周大福是全球最大的珠宝公司。郑裕彤将周大福从一个小金铺做成遍布全中国乃至东南亚的珠宝巨头，是香港人耳熟能详的故事。

　　郑裕彤2016年9月以91岁高龄去世，现在郑家的掌舵人是他的儿子郑家纯，而孙子郑志刚因为K11的突出表现，被视为郑家下一代的核心人物。K11所在的这座楼，是郑家房地产的航母新世界旗下的。新世界也是20世纪90年代就出现在淮海路的，一开始不算成功，直到郑志刚重新设计、改造、推出K11之后才扬眉吐气。地下第三层是K11的艺术馆。

　　继续往东走,你会经过爱马仕(HERMÈS)之家,到了淮海路龙门路路口,你将看到上海连卡佛。连卡佛在香港被视为买手店的祖师爷,但在内地却屡战屡败。淮海路的这家连卡佛已经是第二次开出来了,但到今天生意还是不太好。不论是连卡佛还是大上海时代广场,都属于香港船王包玉刚家族。祖籍宁波的包玉刚,以及女婿吴光正,在香港拥有九龙仓、会德丰有限公司(以下简称会德丰)等大规模的上市公司,九龙仓的上市代码是00004,会德丰是00020,可见历史有多么悠久。

　　九龙仓现在已经传到吴光正的儿子吴宗权手里,而连卡佛由吴光正的女儿吴宗恩管理。九龙仓在香港的海港城和时代广场非常成功,而大上海时代广场在上海却不怎么景气。虽然在20世纪90年代就来到上海,但一直没有大红大紫。连卡佛直到今天仍然没有找到征服上海的办法。

　　淮海路由西走到东,沿途与你相遇的是刘銮雄、郭炳湘兄弟、罗康瑞、郑裕彤、包玉刚这些赫赫有名的香港富豪及其家族,他们有的早在20世纪90年代就发现了上海巨大的机遇,不约而同地将第一步棋落在淮海路这短短的三四公里上。几十年过去了,这些古老的家族经历种种起伏、变故、传承,它们大部分都拥有不容忽视的商业势力和能量。它们最初的项目并不是100%成功,但也都非常有远见和勇气。到了最近几年,开始出现杰出的豪门第二代、第三代,他们让家族事业出现新的生命力。淮海路是一条有故事的路。虽然一直有人批评淮海路商业陈旧、更新缓慢,但我觉得淮海路比崭新的南京西路有趣多了。

一个奢侈品牌在中国的找铺困境

如果你是一个奢侈品牌的中国区负责人，而你的品牌又不能天天出现在时尚杂志前几页，寻找店铺这件事可能会让你很心烦。毕竟在中国，运营水平高的购物中心很少。

中国商业地产的景气程度远远不能和住宅相比，但每年还是不断有新的购物中心落成开业。由于黄金地段早已被占满，新的购物中心选址不够理想，开发运营水平的低下更让这些购物中心困难重重。有些购物中心采用了莫名奇妙的、让顾客晕头转向的空间设计；有些购物中心让停车成了令人头痛的难题；有些购物中心在"养"了许多年之后，仍然门庭冷落。

这些购物中心愿意给出优厚的条件让一个奢侈品牌入驻，即使该品牌刚进中国不久，知名度还有限。虽然成本低，但店铺开在这些购物中心往往做不好生意，所以对于新购物中心的邀约，奢侈品牌常常有些迟疑。

然而，在北京SKP、上海恒隆广场、上海国金中心、杭州大厦这些国内公认的最好的购物中心，完全是另一番光景。来自全世界的各个品牌排起长队，盼着在这些购物中心抢到一家哪怕是在转角的小店铺，而如果品牌资质不够好，恐怕连递材料、排队入驻的资格都没有。意大利奢侈品牌Kiton（齐敦）曾经的代理商回忆，多年前杭州大厦租赁部门在考虑引进Kiton时，曾派人三度前往北京Kiton门店，严苛考核各种细节，最终经过投票，才终于使杭州大厦有了一家Kiton的店铺。

国内运营成熟、品牌组合恰当、客流量大的购物中心屈指可数，品牌如果能挤进去，销量通常不用愁。对于那些小众奢侈品牌和时尚设计师品牌来说，在上海恒隆广场有店铺是足以拿来去二、三线城市吹嘘的资本。

顶级购物中心长期一铺难求，一些托管公司和中介公司应运而生。购物中心将店铺交给托管公司，托管公司再向外租赁。中介公司则会积极联络那些刚刚准备在中国拓展的品牌，承诺帮助品牌拿下一家理想的店铺。这些公司与购物中心的租赁部门有着千丝万缕的联系，有时候它们确实能够完成使命，但服务费常常是很大一笔钱，至少耗去店铺一个月的租金。

在中国，当小众品牌遇上顶级购物中心，潜规则有时会起决定性的作用。不少品牌负责人私下抱怨，租赁部门那些手握铺面招租权的核心人物过着"皇帝般的日子"，但最终往往也是品牌自己选择妥协。

所有购物中心都青睐那些来自大型集团的一线奢侈品牌，它们不仅能带来销量，还能提升商场的形象和人气。LV、卡地亚、PRADA们在中国度过了一段非常美妙的日子。2010年，广西南宁的LV门店在当地最好的购物中心开幕。这家LV门店深受当地居民欢迎，新婚的夫妇带着摄影师在橱窗前拍摄婚纱照。很快引起轰动的是，在店铺开幕前后，附近的一家肯德基和一家麦当劳竟悄然关张。当地居民猜测，为了保护奢侈品牌周围的氛围，商场主动结束了与快餐店的租约。南宁的LV店在2017年撤店了，这是后话。

足见一线奢侈品牌集万千宠爱于一身。上海南京西路一家购物中心对一个意大利奢侈品牌旗舰店前几年免租，还给出了高达数千万元的装修补贴。无锡的一家购物中心为了赢得一个法国奢侈品牌的入驻，同样"倒贴"了数千万元。在中国，最近几年购物中心给顶级奢侈品牌的装修补贴标准大约是每个柜台数十万元。一些一线奢侈品牌就这样被冲昏了头脑，在购物中心的重金诱惑下进驻。它们不久后发现，购物中心的开发商只租不"养"，不懂得运营，人气提不上去，店铺销量惨淡。

恒隆地产有限公司（以下简称恒隆地产）主席陈启宗曾举例说，他在一家水平不高的购物中心里发现过一个一线品牌。他认为，这个品牌当初一定是因为贪图装修补贴，才会开出这样一家不合理的店铺。业内最近几年陆续传出了一些一线奢侈品牌关店的消息。

势单力薄的小众奢侈品牌，纠结于是否要动用灰色手段挤进最好的购物中心；众星捧月的一线奢侈品牌，很可能在市场转冷时猛然发现，装修补贴其实是一剂甜蜜的毒药。中国商业地产是失衡的，市场规则远比西方混乱，找铺开店不是件容易的事。

百盛百货：一段东南亚华商回国投资史

　　百盛百货(以下简称百盛)是马来西亚连锁商场。2016年，它请来中国人最熟悉的马来西亚人——羽毛球明星、拿督李宗伟代言，李宗伟略显忧郁的大幅照片出现在了百盛里。当时，百盛处在亏损的状态，处境不容乐观。

　　其实，2012年百盛上海虹桥店关闭，仿佛就推倒了第一块多米诺骨牌，接下来每年都有几家百盛关店。2016年，百盛接连关闭了重庆大坪店、南昌恒茂梦时代广场店、重庆万象城店，合肥天鹅湖店也被传关闭……百盛2016年还卖掉了一家全资子公司，从而失去了北京太阳宫店。业内哗然，不少人以为百盛要整体退出内地，百盛紧急辟了谣。

　　还记得那是2006年，我有个家境优渥的朋友一到周末就说"去百盛"，而不说"去逛街"。现在我偶尔还去，百盛虽谈不上华丽，倒也舒适惬意。在马来西亚的百盛里，看到马来西亚的连锁餐厅食之秘，也许你将会心一笑。

　　百盛可不是一家没有故事的百货公司。老板名叫钟廷森，1943年生于新加坡，长于马来西亚。他的爷爷是中国人，出生于广东潮州，20世纪早期，钟家人离开中国，下南洋闯荡。钟家一开始做钢铁生意，三代都被称为"钢铁大王"。而今天，钟廷森已是马来西亚"丹斯里"(Tan Sri)——由马来西亚最高元首册封的一种荣耀头衔。"富三代"钟廷森早早便展现出惊人的商业天赋,20世纪80年代马来西亚经济低迷,他却大胆抄底,他当时的猎物就包括百货业务,后来他又将百货业务重组成为百盛。

今天,钟廷森拥有一个商业帝国,核心是马来西亚金狮集团,业务遍及钢铁、汽车、轮胎、房地产、造纸、百货等,旗下有多家上市公司,其中百盛同时在中国香港、新加坡和吉隆坡上市。

钟家和新加坡豪门、香格里拉酒店的主人郭鹤年家族有相似之处:业务范围广,从重工业到高端服务业,做了无数种生意;都是富豪榜的常客;钟廷森娶了一位香港明星太太,而郭家差点把邓丽君娶进门;都对内地进行了巨额投资。

行事低调的钟廷森有一些鸡汤语录:他感慨飞机上欧美企业高管都在忙着处理公务,而华人却在休息和娱乐;他说从父亲那里学会了勤奋、自信、一诺千金、对朋友有诚意;他还告诫年轻人要远离悲观、消极、喜欢记仇的那些人。

我曾接触过一些东南亚华商,他们抱怨的差不多是同一件事,说华人在马来西亚、印度尼西亚等国受到排挤,没有机会做轻松的公务员,只能辛苦赚钱,还要忍受各种贪腐和刁难。不知是否因为这些,钟廷森1992年就开始往内地跑,一年多时间里来回跑了几十趟,他做出判断:钟家最强大的钢铁生意在内地没有机会,而百货零售业却有诱人的潜力。

1994年,百盛在首都北京开出内地第一家店,习惯上被称为"中国外资百货第一店"。百盛来得太早,还留下了一些故事,比如,当时还是对外贸易经济合作部部长的吴仪去过北京百盛之后说,"没有一件衣服是低于100块的",觉得百盛太贵。

百盛赶紧调整,然而没多久,百盛就成长为内地高端消费的代名词。那真是黄金岁月,改革开放已有十几年,人民尚不富裕,商业仍然稚嫩,但民间消费的动力也正是从那时候开始,沉稳又强劲地生长起来,不断加速……

我注意到一个有趣的现象,最先在内地高端零售领域抓住改革开放这个机遇的,并不是今天所向披靡、最会做奢侈品生意的香港商业地产大佬们。最早来内地的港商是罗康瑞,他是因为在香港生意受挫而北上的。很早出手的还有九龙仓,但他们在内地稍微试探了一下,并没有开足马力。也许那时香港本地仍然有钱可赚,也许是1997年香港回归让港商心态不安,总之,港商集体大规模北上,要比百盛晚一步。

钟廷森胆识过人,在内地没有丝毫犹豫,在长达十几年的时间里,他指挥着百盛以每年两三家的速度开店,毫不犹豫地开进二、三线甚至四线城市。在很多地方,百盛是精致、高端生活方式和人声鼎沸的代名词。因为受政策限制,百盛在内地的很多家店都是合资的。2005年,百盛在香港上市,随即展开对合资伙伴的收购,有野心,想独资,想赚更多钱,掌握自己的命运。

也恰在这一年,钟廷森把百盛交给了侄子钟荣俊,自己隐退了。上市后,百盛持续增长,每年都交出骄傲的财报。然而,百盛的辉煌在2013年戛然而止。2012年年报出炉,百盛的净利润竟暴跌超过两成。也正是在这一年,百盛被万达超过,交出"内地门店数最多的百货公司"的位置。众所周知,2012年中国政府强力反腐,高消费行业措手不及,集体受到惨重打击。

钟廷森在2013年重新出山掌管百盛，那时他已经近70岁了。百盛这艘巨轮似乎已经掉头向下，业绩还在不断下滑。复出后，钟廷森一有机会就对外说百盛的重振计划，比如将有特色的马来西亚餐饮品牌带到中国内地，大举强化百盛的体验性项目，对顾客进行电子化管理等。

而这些小打小闹根本无关痛痒，钟廷森最大的一个决定是"断臂止血"——把全国各地业绩不好的店关掉，把精力和资源投注在好店铺上，同时谨慎地开出新的购物中心。新开项目不但要避免以往的错误，还要有特色，走在潮流前沿。

这个策略似乎是对的。这几年LV就是这么做的，有些店铺一开始就选错了地方，时间证明再怎么调整也没用，于是关店，再开新的、好的。那些既有的旺铺，则要不惜成本扩大规模。

然而对百盛来说，这意味着接下来的几年，公司仍将表现出一片颓势：关店要损失金钱，还会造成"大规模撤退"的公众印象。

2016年下半年，钟廷森的商业帝国面临着前所未有的压力。他掌握的多家上市公司出现亏损。要知道，20世纪80年代，钟家生意的年增长率在30%以上。马来西亚网站有中文留言道："很糟……他没有接班人能了解新的管理概念。"钟廷森的侄子钟荣俊一直在百盛做高管。我没有查到钟廷森子女的情况，只找到一张他们夫妇和三个女孩的合影。公开资料里，他们有个女儿名叫钟珊珊。

有趣的是，钟珊珊最近十几年的工作经历主要在家族企业，当中却有几年跑到香奈儿工作。是兴趣使然，还是有生意上更深的考虑？不得而知。总之从香奈儿"毕业"之后，钟珊珊再度回归家族企业。我注意到,直到今天,很多家百盛一楼都有香奈儿香水、化妆品的专柜。但这远远不够,和最近十几年疯狂发展的香港地产商比起来,百盛跟大品牌的关系还是太薄弱了。同在淮海路的新鸿基环贸iapm商场,一楼不仅有PRADA、GUCCI,还有积家(JAEGER–LECOULTRE)、宝格丽(BVLGARI)、宝曼兰朵(Pomellato),大牌化妆品都要被挤到地下一层。

人们批评百盛电商做得不好,商场面积小,没有大牌撑场,传统百货模式有问题……百盛正在不断把东南亚国家、日韩等东亚国家和中国港台地区的一些小而美的公司引进中国内地市场,让实体店更有吸引力——就看它接下来怎么调整了。

百盛,属于一个历史悠久的家族,有一个性格坚毅的老板,他回国创业时,凭借彻头彻尾的市场化思维方式和源自西方国家的经验,抓住了中国改革开放的机会。然而残酷的是,内地这块市场谁都想要且变化太快,不论是来自电商的冲击,还是与港商的竞争,都是非常难解决的问题。20世纪早期,华人在东南亚的市场经济制度下展现出惊人的商业才华,却似乎没有完全融入宗教盛行、属于马来人和印度人的本土圈子。投资内地是商业机会,是否也掺杂着落叶归根、故土难离的情感?钟廷森年近70岁重新出山,本已功成名就的他,面对的是严酷的挑战。不知钟家第四代谁会最终接过他的权杖,而他们对中国的情感,或许更淡薄一些吧。

百亿豪门公子的钟表生意

2012年的一天，在香港铜锣湾，我采访了喜运佳钟表集团（以下简称喜运佳）老板蔡加赞。蔡加赞是香港"玩具大王"蔡志明的独子，家族财产超过百亿港元。因为相貌英俊，当时的女友（如今的太太）又身在娱乐圈，他被香港八卦媒体穷追不舍。公司团队积极地张罗财经媒体的采访，希望蔡加赞以一个"企业家才俊"的形象出现在公众面前。

那天正是旗舰店开业，豪门公子事事勤勉、待人亲和。忙到傍晚时分面对记者，他努力表现出兴致盎然的样子。他礼貌地端坐在沙发上，说话时微微前倾，虽有助手在，他还是费力地用普通话回答问题。

那次采访两年后，我又一次经过铜锣湾，喜运佳正在装修。蔡加赞以个人身份经营着钟表生意，看上去不紧不慢。然而，搜索"蔡加赞"的时候，出现最多的还是他的私生活。含着金汤匙出生，创业路却并非鲜花铺就。

蔡加赞出生于1986年，名片上有许多头衔，除了各种董事，他还在内地一些城市的政界挂名，这主要归功于他成功的父亲。他的父亲蔡志明是潮汕人，出身贫寒，从一个玩具厂的推销员做起，白手创业。挺过20世纪70年代石油危机下的经济低潮，蔡志明一步一步拿下美国大客户,把工厂开进内地,搭建起横跨玩具、医疗、地产的商业帝国旭日集团。

令人称奇的是,2007年中国内地多家玩具厂的产品被曝"铅超标",被美国玩具巨头美泰公司严厉要求召回。广东多家玩具工厂因此破产,甚至有老板绝望自杀。而蔡志明主动报告自家工厂问题,化危为机,竟在风波之后赢得更多订单。这位玩具大王出现在儿子新店的开幕酒会上,与商界老友寒暄,百亿豪门父子合力为这家小小的表行打拼。蔡加赞有几位能干的姐姐,但作为独子,他从小就被整个家族寄予了殷切的期望,整个家族都盼着他继承家业,将家业发扬光大。

"我爸是个很好的人。"说这句话的时候,蔡加赞表现出的敬畏大过了崇拜。蔡志明对儿子要求非常严苛,蔡加赞从小就被扔到玩具厂摸爬滚打。留学去了国外,暑假一返港,就必须去旭日集团做暑期工,做玩具模具、跟流水线,还要学做会计活。在美国,蔡加赞读的是南加州大学政治系。"政治和经济是相辅相成的,我一心想打理家族生意。"20岁出头时,他还是个循规蹈矩的小孩,老老实实准备接班。父亲催他早点回来,他就提前半年完成了学业。

蔡加赞一回香港,富豪名媛圈就鼓噪起来,八卦媒体极度兴奋。而没过几年,这位豪门公子不到30岁就已结婚生女,在香港的豪门二代中是难得的"乖仔"。初出茅庐的他倒苦水说,刚上班时要香港内地两处跑,照顾好几种生意,压力大到爆,有一年常常失眠。在忙完集团旗下一处商场改造的浩大项目后,蔡加赞突然跟父亲提出,他要做腕表分销生意——蔡志明一辈子都在做传统制造业生意,玩具毛利率低,但40年下来已是根深蒂固,零售是家族从未接触过的。

"我每天走在街上,看到许多名表店铺,就很想成为名表店铺经营者中的一分子。"豪门公子在街头听到了自己内心的声音。其实,蔡氏父子都是腕表发烧友,蔡加赞少年时代就开始藏表,有几十只宝贵的藏品。采访那天,被问及喜欢什么表,蔡加赞立刻眼中放光地摘下自己佩戴的腕表指给来宾看,说这是跟随自己多年的爱彼(AUDEMARS PIGUET)①,这只表表盘很大,还是阿诺特·施瓦辛格同款呢。

内地一些商学院研究发现,父辈在传统行业创业多年,"富二代"们却往往更青睐金融、互联网等新鲜生意。梳理LVMH集团、历峰集团的发展史,从奢侈品的角度看,"富二代"带着父辈的资本杀入奢侈品行业,再发展壮大,似乎是成功的常见路径。

2010年年底,旭日集团斥资四亿港元,买下创立于1988年的高端钟表零售企业喜运佳,由蔡加赞担任喜运佳主席。生在豪门真好!当你有了一个梦想,也许老爸明天就能帮你实现,无论是一个芭比娃娃,还是一家闪闪发光的名表行。但蔡加赞说,这个决定"全家讨论了很久"。最后大家认为:内地腕表市场有很大潜力;进入高端零售业,对旭日集团的整体形象有所裨益。这是理性的考量,还是蔡志明在设法说服自己?无论如何,做出决定之后,蔡志明开始全力支持。

我问蔡加赞跟父亲学到了什么,他说:"亲力亲为,不怕辛苦。"他曾对香港媒体感叹:"我父亲是个奇人,不喜欢放假,可以24小

---

① 瑞士高级钟表品牌,至今仍是独立的家族品牌。

时工作。很多老板生意做大了就不再见小客户了，可是只要是有潜力的客户，我父亲都会亲自去见。"在铜锣湾新店筹备阶段，蔡志明教儿子要计算人流够不够、生意够不够、租金怎么样……

香港表行遍地，不起眼的一家小店面都很有可能是家上市公司。如今年纪轻轻的蔡加赞要跟万国表（IWC）、积家、欧米茄（OMEGA）、爱彼这些百年大品牌打交道。"做工厂时经常要低声下气顺应客人的要求，以为做奢侈品销售可以风光一点，却发现其实同样要处处求人，"蔡加赞说，"钟表行业的竞争就是货源的竞争。有些瑞士钟表师一年只能做几只表，要让品牌放心把表交给你，不容易。"

英皇集团主席杨受成的传记里写道，当年为了攀上"皇冠上的明珠"劳力士（ROLEX），年轻的杨老板煞费苦心，吃了劳力士一次又一次闭门羹。杨受成不屈不挠，他跟前台小姐套近乎，四处打听，"骗"得与劳力士代理商见面的机会，幸运地通过了劳力士对店面的"暗访"，经过不知多少周折才终于获得成功。

蔡加赞说，老爸叮嘱他，跟品牌打交道要抱长线合作的心态，不论市况好坏都要支持对方。他自己也在苦心钻研瑞士钟表的学问，花心血经营合作关系。他一个比较大胆的决策是关于一个瑞士小品牌的。这个小品牌以前状态不稳定，后来被大集团收购，各种资源刚刚开始跟上的时候，蔡加赞就主动出击跟人家合作了。

今天喜运佳集团旗下有"喜运佳"和"誉一"两大表行。这些店铺大部分在香港和澳门。在香港的表行中，喜运佳的店铺总数不算少，但对手们早已积极北上。英皇、太子、东方三家表行的内地店铺数已经远远超过了香港店铺数，周大福在内地更是根深蒂固，

一、二、三线城市全线布阵。喜运佳没有上市，外界只知道2010年旭日集团全资收购喜运佳的价格是四亿港元。未来蔡加赞应该会更频繁地出现在内地。尽管自家有些商业物业可以支持喜运佳的拓展，但豪门公子要打的仍然是一场硬仗。

上海手表:荣氏家族来过

　　客人们正慢慢品味着香槟,细细咀嚼着鱼子酱,而一名女模特则手戴一款沉甸甸的价值约10万美元的镶钻手表,昂首阔步于全场。这是2009年香港一家钟表商场内的一幕,模特手上的腕表,是上海牌。

　　上海手表厂坐落于杨浦区大连路隧道附近的一条小路——榆林路上。这条小路上装修简陋的钟表铺、修理铺林立。四周环绕着高大漂亮的建筑,雨中的老公房黯淡破败。半个多世纪以来,这里以生产面向大众的上海牌发条手表闻名全国。

　　销售部挂着黑底金属字的繁体字老招牌,推开"欢迎惠顾"牌匾下的玻璃门,老国企的气息扑面而来。略显昏暗的日光灯照射着柜台内部,上百只设计传统的上海牌手表陈列其中,价格大都在200元以下。中年女店员转向内间,拿出一个旧塑料篮,篮子里装着十几块用透明塑料皮包裹着的手表,简易的白色价签贴在塑料皮上。散落其中的就有一块售价8万元的手表,其余的售价也在2万元以上。这些手表采用的都是陀飞轮机芯。

　　这种高价并不浮夸,其原因在于手表上采用了白金、黄金等多种贵重金属。此外,陀飞轮的机芯也价值不菲,可以克服地心引力,让手表走时更加精准。陀飞轮手表的价格通常在1万~30多万元。由上海手表厂改制而来的上海表业有限公司(以下简称上海表业)还研制出了双陀飞轮机芯。

"这是几代人的努力,有很深的技术底蕴。"上海牌手表的销售认为,售价为30多万元的手表尚不能算奢侈品,比起国外大牌手表,30多万元只是很一般的价格。目标客户是那些对上海牌有感情的金领和企业家们,高端上海牌手表很多都销往了香港和台湾。

上海牌手表就这样有些突兀地跃上了奢侈品的秀场。榆林路一座老旧的三层红色小楼是上海表业的行政大楼,行政大楼所在的院子略显杂乱,马路对面是上海表业的生产区,外观有些陈旧。周边的钟表店里,上了年纪的店员大声聊天,老式橱窗里安着日光灯,有的灯管已不知去向。

做高端腕表的挑战之一在于:上海牌手表的廉价发条表形象早已深入人心。一位1960年即进入上海手表厂的老工人在附近经营着一家手表店。小店门口挂出"40年经验""老法师"的招牌,店内陈列的都是最为经典的"圆头白面"上海牌手表。资料记载,表面上的"上海"二字,是当年在毛泽东手迹中找出来的。

"20世纪70年代卖120块,那个年代人们的平均月工资只有18块。现在卖198块。"这家小店的中年女店员说自己原先也是厂里的工人,早已退休。

上海手表厂建立于1955年,在计划经济的年代里,上海牌手表被称为"中国第一名表",位列"三转一响(手表、自行车、缝纫机和收音机)",是年轻人结婚必备的大件之一,许多人都以拥有一块上海牌手表为荣。

1958年7月1日生产的上海牌手表被命名为A581,曾创造出众人排队抢购的盛况。周恩来也拥有一块，一直戴到去世，这块手表后来被保存在博物馆里。这一型号的手表也因此成为具有收藏价值的经典。100多元的上海牌发条手表在中国的城市和乡村热销了几十年。

改革开放以后，上海手表厂开始暴露出低效等问题，走上了下坡路。20世纪80年代以后，电子表、走私表涌入市场，上海牌手表受到了严重冲击。到了20世纪末，上海手表厂已是风雨飘摇。2000年，上海手表厂改制为上海表业，工人或退休或分流。

上海表业随后的业务重心逐渐偏向传统技术强项——表芯，同时仍生产一定量的成表。改制给上海表业带了复兴的希望。和新鲜血液一同注入的，是做奢侈品的大胆想法。老工人津津乐道的是改制时入股，上海表业的大股东荣智丰，正是赫赫有名的荣氏家族的后人。荣智丰是"红色资本家"荣毅仁的侄女，她的堂兄荣智健曾任中信泰富有限公司主席，是商界的风云人物。荣智丰在2010年还时常会来公司。

荣智丰曾表示，希望自己的手表能够销往世界各地。早年生活在上海的她曾在许多场合表达了自己的上海品牌情结，她不希望民族品牌没落。站在上海牌手表的旧荣光和新困境之中，荣智丰打出"怀旧牌"。她在上海各家旧表店里收购了数千只A581手表，拿到香港复刻了表面和表壳，用原机芯制成1000只经典怀旧版的上海牌手表，每只售价1980元，后来价格一度翻倍。产品在市场露面后，被香港的"老克勒"（指老上海会享受的上流绅士）一抢而空。

然而，荣智丰还是在2009年年底卖掉了大部分上海表业的股份。上海牌手表在新世纪吐出了一个美丽的泡泡之后，重新归于沉寂。

商业之美

贪财、好色、猎奇是人类本性，戳这些点万试万灵，即便人类这个物种的欲望出现了下滑。

巴黎名媛舞会①与顶级珠宝

比起亲哥哥何猷君,赌王何鸿燊最小的女儿何超欣真是很低调了。这几年,何猷君频繁现身内地综艺,还娶了内地名模奚梦瑶。而何超欣还在美国麻省理工学院,读一些被她自己形容为nerdy(书呆子气)的书。只有2017年11月的巴黎名媛舞会是个例外,何超欣在现场做了个直播。这个遍布着高级定制礼服和珠宝,众多拥有显赫家世的名媛参加的上流社交活动,被她掀开了一个小角。

舞会上,何超欣的礼服来自DIOR。每个女孩的礼服品牌都各不相同,而现场20多位名媛佩戴的珠宝,则全部来自同一个品牌——Payal(帕亚尔)。甚至从2015年开始,她们每个人佩戴的珠宝就都是由Payal专门创作的。

Payal创立于2009年,在珠宝世界里还是个小朋友,创始人名叫Payal Mehta(帕亚尔·梅塔),是一个生活在纽约的印度裔女性。创立一个定位如此高端的珠宝品牌,仅仅凭借才华和勤奋是不够的,Mehta自己就是一个出身显赫的名媛。她的父亲是珠宝商,丈夫专门从事钻石生意。

---

①每年11月,巴黎克利翁酒店举办的名门少女成年舞会。它的前身为"名门千金成年舞会",最初只在英国宫廷内部举办。

　　Mehta在少女时代拥有一般人难以想象的自由，她因为兴趣学习了物理和数学，玩过室内设计，然后才将目光转向家族生意。在家世和人脉至关重要的欧美上流圈层，Payal能够成为巴黎名媛舞会的独家珠宝商，可能与Mehta的家族实力也有一定的关系。2017年11月的舞会上，Mehta和何超欣也有合影，她们应该已经很熟了，因为Mehta通常提前一年展开与名媛的接触，记录和消化这个女孩各种重要的信息，再专门为她创作一套珠宝作品——定制，正是Payal的最大卖点。Payal不仅要知道每个女孩喜欢什么、讨厌什么，还要了解她们的经历、家人，更要依据她们的肤色、礼服来设计珠宝。她为何超欣设计的这一套，包括项链、手镯和戒指。

　　与何超欣同场的还有奥斯卡"影后"Reese Witherspoon（瑞茜·威瑟斯彭）[1]的女儿Ava Phillippe（艾娃·菲利普）。Payal为她设计了一个以她的名字Ava为灵感的戒指，Ava在拉丁文中是"鸟"的意思，象征自由和宁静。设计师还特地选用艾娃最喜欢的粉色蓝宝石和玫瑰金戒圈，整体造型是莲花与飞鸟形态。

　　Mehta的故乡在印度第6大城市Ahmedabad（艾哈迈达巴德），payal这个词在印度的含义是一种传统的首饰——脚镯，这似乎预言了她作为珠宝设计师的人生。出生于印度富有家庭，成长在自由的纽约，Mehta有很多大胆的设计。人们形容她的珠宝作品简洁、现代、抽象、层次丰富，常常选用黑、白、灰、粉和蓝色，灵感源于大自然的花草与飞鸟，以及一些古老的诗篇。作品中的印度异域风情打破了欧美传统珠宝的千篇一律。

---

[1]美国女演员，因主演《律政俏佳人》走红，2006年凭借《与歌同行》获得奥斯卡最佳女主角奖。

　　除了为名媛专门定制珠宝，Mehta也设计了一些比较亲民的系列，每种都有文化根源。Slice系列：源自日本的"Wabi-Sabi侘寂"概念，该概念认为美存在于不完美之中，将不对称与对称、粗糙和光洁、无规则和完美无瑕结合在一起，也含简陋的意味。月光石系列：希腊人和罗马人认为，月光石吸收了月亮的光辉，因而不透明，拥有魔力；印度人认为，月光石是属于恋人的宝石，是神界与人类的链接。

　　创立后不久，Payal就颇具远见地进入了中东。Mehta2015年在阿联酋的迪拜创立了珠宝工坊和展示厅，还把作品带回了故乡印度。她不惜工本地追求最好的珠宝材质，她说只有最闪亮的宝石，才能做出她梦想中"燃烧"着的珠宝。

　　在Payal成为巴黎名媛舞会的独家珠宝供应商之前，更早的舞会上，名媛们统一佩戴的珠宝来自另一个品牌——adler（爱迪拉）。

　　有趣的是，赌王还有一个外孙女叫作何家晴，早在2012年她就参加了这个舞会。是的，你没看错，赌王外孙女何家晴，比赌王最小的女儿何超欣，还要年长几岁。何家晴当时佩戴的珠宝，就自adler。现代的巴黎名媛舞会是1992年复兴的，从那时起，到2015年Payal登场之前，似乎都是adler为少女们提供珠宝。

　　adler这个品牌1886年诞生于维也纳，至今已传承到家族第四代，这个家族和王室名流、中东富商都有往来。adler历史悠久，努力将珍贵的宝石和稀有的材质融合在一起，设计大胆、现代。adler 21世纪初在香港试水，莫文蔚和赵薇都为之拍摄了硬照。2005年，adler还曾在上海办展览，带来了各个时期的经典作品，包括一款钻石镶嵌黄刚玉项链，价值150万美元。adler的CEO当时表示，要尽快在上海黄金地段开设店铺，但没有下文。

总之，在2015年巴黎名媛舞会上，名流少女脖颈、手腕和手指上出现的珠宝，从"老派贵族"adler变成了"纽约摩登女郎"Payal。

起源于18世纪的英国皇家宫廷，巴黎名媛舞会本质上是贵族少女与少男的单身派对，让同一阶层的年轻人相遇，帮助他们的家族实现政治与财富的联姻。事实上，巴黎名媛舞会已经淡化了几个世纪前的阶层界限，New Money（新贵阶层）和Old Money（传统贵族）都出现在这一场合。特别地，似乎为了彰显民主与公平，顺应时代潮流，与何超欣同场起舞的还有一位出身普通家庭，但身怀芭蕾舞绝技的中国女孩。

1992年，被称为"法国社交教母"的奥菲莉·雷努阿（Ophélie Renouard）女士复兴了巴黎名媛舞会。后来世界各地出现了一些相似的舞会，不过还是巴黎这一场最受关注。没有了王室的色彩，这场舞会除了社交意义外，还是一场高级定制的展示会，香奈儿、DIOR、ELIE SAAB等品牌从一开始就为女孩们做高级定制礼服。

2012年，京剧大师周信芳的后人周采茨①女士在上海创办了"上海国际元媛舞会"，这一舞会曾经位列全球五大舞会之一。而CHAUMET（尚美巴黎）②连续多年为参加舞会的名门少女们戴上冠冕。传承性和现代感是周采茨举办舞会的主旨，舞会举办的场所选在上海外滩华尔道夫酒店和上海半岛酒店。

2013年，一个名叫梁周洋的女孩出现在上海国际元媛舞会上，并最终成为"CHAUMET年度元媛"。她是梁启超的后裔，梁

①周采茨女士2017年去世后，上海国际元媛舞会没有继续举办。
②1780年创立于巴黎的法国高级珠宝品牌，曾为拿破仑及皇后创作高级珠宝。

思成与林徽因的曾孙女,前北大校长周培源的曾外孙女。而2016年的上海国际元媛舞会上,一位名叫林汝佩的女孩也出生于中国名门世家。与舞会举办的酒店近在咫尺,赫赫有名的上海和平饭店就是由她祖上设计建造的。这些女孩们在上海国际元媛舞会上轻盈亮相,又重新归于低调。

周采茨出生于上海,在中国香港和海外游历多年,派对、舞会是她生活的一部分。20世纪初,文人政客们举办各种沙龙,谈救亡图存,也谈风月,那竟成为中国近代史上最优雅的时光。和很多人一样,周采茨迷恋那段时光,再回到上海定居时,她最初特地选择了老建筑聚集的长乐路。在甄选元媛时,她有着自己的标准。"并不一定要很有钱,但家世要清白,不能有污点、绯闻,女孩要有自己特点。有的女孩拿着很贵的名牌包出现在我面前,但我并没有选她。"

2017年,何超欣参加的这场巴黎名媛舞会不仅有视频直播,还在新浪微博上有官方账号。今天的"富二代""富三代"们,也远远不同于18世纪和19世纪的人们了。何超欣刚刚成年,而她出生于1995年的哥哥何猷君在内地已经是个小小的网红。他们是赌王较年幼的两个孩子,他们的母亲正是以精明著称的四太梁安琪,上海LV大厦(尚嘉中心)的主人。2019年,赌王已经有98岁,他那一代港澳巨商的时代已经过去了,他们都知道,要家族生意延续下去,必须进军内地。未来赌王家的女孩们将会有怎样的人生,珠宝也许是一种记录。

四叶草：经典珠宝的灵感之源

　　巴黎芳登广场22号是珠宝世家梵克雅宝（Van Cleef & Arpels）的总店。楼上的档案馆里至今仍保存着一份墨迹蓝中发青的老订单：要求制作一枚简单的K金吊坠，订单上有一个手写单词"Alhambra"。20枚金质褶皱四叶幸运图案，被金色的小圆珠密集地围拢着——1968年，梵克雅宝以四叶草为灵感，创作出一串长项链。这串长项链的诞生在珠宝工坊里似乎只是一件稀松平常的小事，没有人能想到，这是一段传奇的开始。

　　到2018年，这一系列已经风靡了半个世纪，四叶幸运图案被不断演绎。令人眼花缭乱的色彩、材质，从长项链到吊坠、手链、耳坠、戒指、腕表等无穷无尽的类别，始终在讲一个有关"幸运"的故事。2018年，Alhambra系列推出了50周年纪念款，灰色珍珠母贝、缟玛瑙、青金石、钻石和透明水晶……不论使用什么新材质，你都能一眼认出梵克雅宝的四叶幸运图案。

　　梵克雅宝与王妃、公爵夫人、女高音歌唱家之间有很多浪漫的故事，而Alhambra系列还有十分特别的缪斯。1974年，法国女歌手Françoise Hardy（冯斯华·哈蒂）叠戴几条Alhambra长项链，拍下一张充满法式随性和文艺的照片。在那个年代，她的名字和披头士乐队一起出现。Bob Dylan（鲍勃·迪伦）迷恋她，在自己演唱会结束后以"不肯安可"相"要挟"，只求女神到更衣室来见自己一面。Françoise Hardy 高挑修长，兴趣并不在穿衣打扮上，却一次次获邀登上时装杂志的封面。她很少出演电影，却被奉为银幕女神。

毕业于牛津大学的知名作家和历史学家 Nicholas Foulkes（尼古拉斯·福克斯）写了一本书，就叫 Alhambra。他说，每个人看到 Alhambra，都会有一种与历史联系在一起的感受。每 10 万株三叶草中才会出现一株四叶草，这一传说赋予四叶草"幸运"的寓意。而关于幸运的作品，梵克雅宝不止一件。"摸木头会带来好运"是巴黎的一桩民俗，1916 年，梵克雅宝曾制作了木质的戒指。早在那个年代，四叶幸运图案就出现过，在梵克雅宝的一些作品里留下印记。

而到了 1968 年，这一系列诞生时有了"Alhambra"这个特别的名字。这个词其实指的不是"四叶草"，而是西班牙格拉纳达的阿拉伯宫殿 Alhambra——阿尔罕布拉宫，宫殿里有一个喷水池，轮廓正是四瓣叶片的形状。那时候雅宝兄弟喜欢周游世界，他们用各种充满异域风情的地名为作品命名。

Alhambra 系列诞生的 1968 年，二战已经过去 20 多年了，欧洲经济已然复苏。1959 年法国出版的儿童漫画《小尼古拉》半个世纪后被搬上荧幕。从电影里人们不难窥见 20 世纪 60 年代法国的图景，繁荣的黄金年代到来，充满了欢乐与生机，人们重拾对艺术和美的热爱。

二战后，Christian Dior 发布了 New Look，找回了纤腰、丰胸的女性美。香奈儿女士从瑞士回到了巴黎。当时法国高级时装协会仍然禁止会员使用缝纫机，叛逆的 Yves Saint Laurent（伊夫·圣·罗兰)却在1966年发布更大众化的成衣系列,用向大众开放的姿态做时装。正值创作巅峰的时装设计师Paco Rabanne(帕科·拉巴纳)①和Pierre Cardin(皮尔·卡丹)②也加入了这一行列,高级时装从而走出名流贵胄的小圈子。

珠宝历来与时装相伴而生。二战前,珠宝商围着上流社会的名媛贵妇转,她们穿高级定制晚礼服,佩戴沉甸甸的大件珠宝,在晚宴、酒会这类隆重的夜间活动上闪闪发光。历来敢于打破传统、崇尚先锋精神的巴黎年轻人,开始追求更轻松、随性的日常装束。在一张巴黎的老照片里,孩子坐在母亲的怀里,把玩她的Alhambra长项链。Alhambra在这种思潮中诞生,象征着自在、摩登与入世。时装评论人Suzy Menkes(苏西·门克斯)说,Alhambra象征的这种精神,对今天的独立女性仍然存在影响。珠宝和时尚一样,可以讲一个属于自己时代的故事。

每个老牌珠宝商品牌都有自己的经典款,但没人知道为什么会诞生那种偶像级的作品。"当她出现时,你会惊喜,但你无法预测,更无法刻意设计。"梵克雅宝全球总裁Nicolas Bos(尼古拉斯·博斯)说。

各个品牌经典款的做法都不一样:有的是从自家历史上最传奇的作品出发,设计相似的轮廓;有的是从复杂的结构中抽离出最具代表性的一部分加以演绎;有的是化繁为简,将品牌logo或者字

---

①出生于西班牙的法国设计师,20世纪60年代以选择前卫的时装材料在巴黎引起轰动。
②最早来到中国的西方设计师,出生于意大利威尼斯,二战后推动成衣走向大众世界,在巴黎获得成功。

母缩写加以设计。经典款通常是年轻人刚刚开始买珠宝时的必买单品,比结婚钻戒还要早一些出现在少男少女的世界里。定价可亲,设计简洁轻盈,选材和工艺的标准却丝毫没有放松,经典款是品牌最重要的大使,承担着吸引新顾客入门的责任,也带来最大的现金流。

在各路经典款中,Alhambra系列的寓意是"幸运"。它历史悠久,独立诞生,并非高级珠宝系列的一部分,多年来人们把Alhambra系列和梵克雅宝画上等号。很难解释为什么它能让人过目不忘,Alhambra系列在漫长的半个世纪里神奇地保持畅销,从未退出过时尚界。从母亲到女儿,Alhambra系列在全球许许多多城市,征服了不止一代人。即使是运用相似材料组合、色彩也差不多的作品,都无法复制这种现象,甚至连梵克雅宝自己,也无法轻易做到。西方人用"icon"(偶像)来形容这样的作品。

作为一个经典系列,Alhambra为什么能将魅力保持到半个世纪后的今天?经典的四叶幸运图案从未改变,但每隔几年Alhambra系列就会运用新的材质。今天的高级珠宝世界也热衷于谈论"年轻化"。90后结婚率下降,女性买珠宝犒劳自己。她们在网上买珠宝,下单之前会做功课,她们拒绝来自非洲冲突地区的钻石,选珠宝时有道德洁癖。

从时装到珠宝,很多老牌世家改变了风格。为了配合今天火爆的潮牌,不少珠宝品牌推出工业风的新系列,作品向嘻哈歌手的大金链子风格靠拢;重新装修店铺,变得更新潮和酷炫;邀请年轻的明星代言;推出珠宝快闪店;开潮流派对;开辟更亲民、更新潮的系列,鼓励年轻人将项链和Supreme卫衣搭配在一起。

　　Alhambra系列如何与时俱进？它没有选择去追逐年轻人的口味,而是把热情投注在对新材质的研究和运用中。此外,从长项链到手链、耳坠,乃至腕表,四叶幸运图案不断向新的珠宝类别延伸,更有一代又一代Alhambra女孩成长起来,她们不断发明新的搭配方式……梵克雅宝与几位年轻艺术家的合作都令人感到惊艳。

　　Nicolas Bos说,这么多年来,常常有客人提出,能不能把Alhambra系列的叶片做得更大、更醒目一些,但梵克雅宝一直没有那么做。第一串Alhambra项链是K金材质,不断演变后开始使用硬宝石——青金石、孔雀石;20世纪70年代,缟玛瑙登场;到了20世纪80年代,珍珠母贝、红玉髓、蓝玛瑙为Alhambra系列带来了更多的色彩。2012年,Alhambra系列引入了带着斑纹的红褐色蛇纹木,经过14道以上的工序精心雕刻,红褐色蛇纹木被镶嵌在玫瑰金珍珠底座中。这让人想起近100年前,梵克雅宝就曾设计制作了可以带来好运的木制戒指。

　　此外,多重佩戴和搭配方式不断被发明出来。你可以同时叠戴好几串长项链,也可以将不同颜色、不同长度的项链组合在一起。有人把Alhambra佩戴在发间,还有人将它垂在背后。

　　不论从价格还是理念上,Alhambra系列都走出了高级珠宝的小圈子。

　　比利时艺术家Julie Joseph(朱莉·约瑟夫)为Alhambra系列创作了一部动画影片,这部影片用带有童趣的古代插画风格讲述了Alhambra系列的诞生。

　　动画片的场景从矿山开始,经过开采、分拣和切割,满足要求的材质被筛选出来。同一串项链上的许多个叶片必须颜色均匀,分不出彼此，像孪生姐妹一样。珠宝师苦苦寻觅一模一样的红玉髓、蓝玛瑙、珍珠母贝……再将它们组合起来。

K金链条和底座先经过熔铸，镶嵌金珠，再由珠宝师将金珠环绕的底座打磨、抛光，确保每颗细小的金珠都是一模一样大小，个个闪闪发光。这部动画短片中，有一位三只眼睛的女神，她将Alhambra上的每个叶片都拿到眼前细细端详，这象征着严格的质检部门。

在选材的严格和工艺的讲究上，Alhambra系列与梵克雅宝的许多高级珠宝作品没有差别。许多女孩从Alhambra系列走进梵克雅宝的世界，等待她们的，是一座博大精深的宝库。想要窥探这座宝库是完全有可能的——几乎每年，梵克雅宝都会在全球一座重要的城市举办展览。策展人有时会按照不同的历史年代对梵克雅宝的故事加以梳理，有时会与当地的文化传统结合，回溯一段多年前的文化交融。

很多宝贵的作品都是梵克雅宝寻访多年后，在拍卖场拍下或是从神秘望族后代的保险柜中借出的。你能看到埃及文化在一个多世纪前对法国珠宝的影响，这体现在梵克雅宝进行隐密式镶嵌的花朵与飞鸟上，还有为伊朗王后打造的神秘王冠上——因为伊朗禁止珍贵宝石离开国土，王冠不得不在一个地下室里悄悄制作完成……

而Alhambra系列，始终是最简洁、最具代表性的作品。女人们喜欢"幸运"，这可能是最适合她们犒劳自己的礼物。智利诗人巴勃罗·聂鲁达（Pablo Neruda）曾在诗里写道："爱情太短，遗忘太长（Love is so short, forgetting is so long）。"也许在Alhambra系列的世界里，爱情太短，幸运太长（Love is so short, luck is so long）。

33亿年，一枚钻石的旅行

　　1999年年末，新世纪的不断逼近让全人类都激动了起来。在伦敦，英国人的一次庆祝活动请来了"法兰西玫瑰"苏菲·玛索（Sophie Marceau）。大明星亲手为一枚巨大的梨形钻石揭开了面纱，钻石释放出令人震颤的璀璨光芒，穹顶都仿佛被点亮了。她说，那一刻自己差点晕倒。

　　伦敦人认为，钻石象征永恒，用来纪念新世纪的到来再合适不过了。这枚拥有数不清切面的钻石名叫"千禧之星"，重203克拉，而它被发现的时候，重量高达777克拉。为了让光线折射效果更理想，达到极致美感，钻石业的传奇——戴比尔斯（DE BEERS）公司忍痛将这枚巨大的钻石切成了三块。

　　2017年10月，戴比尔斯在北京举办了一场高级珠宝展，展品中包括一块粗糙的岩石，岩石侧面嵌着一枚钻石原石。即便是阅尽高级珠宝的名门闺秀，也极少见到一枚钻石刚刚被发现时的模样。

　　地球诞生至今40多亿年，最古老的钻石就有33亿年，而大部分钻石都是在20亿年前形成的。当时，在地表以下约200公里的地幔，在高温、高压的极端环境下，纯粹、坚不可摧、璀璨的晶体——钻石，诞生了。沧海桑田，到了距今几百万年前，地球上火山爆发,岩浆裹挟着钻石喷出地面,翻滚、冷却、凝固成一种"金伯利岩",形成后来人类所称的"钻石矿"。

戴比尔斯钻石研究院院长Andrew Coxon(安德鲁·科克森)几乎知道关于钻石的每件事。他说,有的钻石纯净透亮、没有颜色,而有的钻石从地幔到地壳,经过了令人无法想象的剧烈冲击,呈现出谜一般的颜色。"每枚钻石都是独一无二的,因为它们都经历了一段只属于自己的旅行。"

公元前1300年,印度人最先发现了钻石。在《一千零一夜》中,辛巴达就曾在印度见到数不清的钻石。《马可·波罗游记》中的描述更令人称奇:印度山谷中的蛇保护着钻石,人们向山谷里投掷血淋淋的生肉,再放出猛禽叼回生肉,那上面沾满了钻石。后人对这些传说将信将疑。

钻石永不磨损,闪耀着奇妙的光芒,印度人将其视为权力和力量的象征,他们把钻石镶嵌在神像的眼睛里。曾经,威尼斯是钻石交易的中心。13世纪的威尼斯珠宝商人懂得把钻石加工安排在店铺二楼进行,以获得最好的光线。最近几个世纪,伦敦和安特卫普成为全球钻石业核心。

1866年,南非的一个小男孩在河边玩耍时捡到一块黄色的石头,这是在南非发现的第一枚钻石。这枚10.73克拉、被命名为"尤里卡"的钻石后来被戴比尔斯公司收藏。1888年,戴比尔斯公司在南非诞生。

今天,戴比尔斯从采矿开始,业务覆盖了钻石产业链上的每个环节,女明星在红毯上佩戴的全套高级珠宝也常常由戴比尔斯提供。早年,戴比尔斯可能是钻石商入行前听到的第一个名字。

1950年，"钻石恒久远，一颗永留传"这句广告语引发了轰动，成为经典，让戴比尔斯变得家喻户晓。面对戴比尔斯伦敦总部大楼，有人脑海中会涌现神话般的联想：大楼底下，是否有一个无边无际的钻石仓库，就像阿里巴巴的藏宝洞？

Andrew Coxon 出生于澳大利亚，十几岁时就在自己包里装满"奇怪的石头"。他在钻石行业工作了差不多40年，今天他是戴比尔斯备受尊崇的钻石大师。钻石行业聚会上他会被团团围住，人们想听他说，行业会往何处去。他如此爱钻石，甚至发明了一种"擦钻布"，让女人们戴上钻石后可以迅速擦掉指纹和汗水，让钻石每秒钟都闪闪发光。

他曾聊起戴比尔斯独有的"火光检测仪"——通过这个神秘的仪器，你能看到光照下钻石周边散发的彩虹般的光芒。他将大地称为"Mother Nature"（自然母亲）。在 Andrew Coxon 眼里，钻石是有生命的，他对钻石的评价标准是"火光、生命力和亮光"。他触摸过无数巨大的钻石，而他追求的是令人心动的美。

戴比尔斯的每枚钻石在切割上都追求平行对称，追求最美的折射效果。为了美，可以舍弃钻石的重量。"千禧之星"正是按照这个理念切割的，揭开面纱的时刻，有人说它像一盏夜空中永恒的明灯。今天，越来越多的高级珠宝品牌采用了这样的理念。

从原石的开采到最终作品的呈现，戴比尔斯坚持每件珠宝上的钻石都源于自然，以合法和负责任的方式开采和制作。大自然孕育了钻石，自古以来高级珠宝热衷于赞颂自然之美。特别是在19世纪后期自然主义盛行的时候，高级珠宝的设计中有各种各样的花朵、飞鸟、如梦似幻的雪花。戴比尔斯的 Lotus by DE BEERS

高级珠宝就是以莲花为灵感,设计出五个系列的作品,分别表现莲花的不同生命阶段,设计师希望以花朵来比喻女性的人生,从青涩到成熟与沉静。象征初放的这组作品中,项链的坠子是一枚淡绿色的钻石,表现出新生事物的生命力。这也是整串项链上唯一一枚没有经过打磨的原钻,也许你能从中感受到穿越数亿年时光的奇妙。

《做优雅的巴黎女人:时尚,智慧,自信,独立》一书中写道:招牌物件是一个女人考虑了自己的年纪、品位和钱包大小后给自己的礼物。它是独立和自由的象征,宣誓"这是我自己买的,是我自己努力的回报,能让我快乐"。今天的女性不再仅仅期望男性馈赠钻石,她们享受嘉奖自己的喜悦,她们收藏的珠宝里有爱情与亲情。年少时她们或许只懂克拉数,后来,她们懂得观察钻石的灵动,珍惜关于永恒的寓意。

哪一枚钻石是属于你的? Andrew Coxon 说,当你试戴一枚钻戒并再也不想摘下来,那就对了。就像你遇到了一个男孩,当你握住他的手再也不想松开,那就和他在一起吧。

谁为港姐做冠冕?

2018年8月26日晚,2018年香港小姐(以下简称港姐)总决赛,23岁的陈晓华顺利夺冠。身高173厘米,有护士资格证书,陈晓华一直都是港姐大热选手,没有遭遇2017年港姐的群嘲命运。然而,或许是因为当晚大部分人关注的是内地电视剧《延禧攻略》大结局,也或许因为当晚亚运会上苏炳添创纪录,陈晓华的风光加冕仪式几乎没有冲出粤语区。

朱玲玲、李嘉欣、邱淑贞、蔡少芬……港姐"众神时代"越走越远。2017年港姐冠军雷庄儿被嘲"最丑港姐",屡次碰壁后,她基本放弃了演艺事业。2018年港姐竞选仍然没什么声量,寒酸得只能在香港西贡拍外景。冠军陈晓华比赛期间被港媒称为"翻版钟楚红",此外,此次港姐竞选的参与者还有"嫩版章子怡"杜爱恩、"国产金喜善"兰依婷……港媒这是硬造新闻。

另一边,"豪门梦碎""港姐卖鱼蛋"的新闻倒是满天飞。2018年港姐比赛期间,1995年港姐冠军杨婉仪和丈夫传出债务危机,她用港姐后冠抵债。当年杨婉仪加冕港姐后就进TVB(香港电视广播有限公司)跑龙套,最出名的角色不过是《封神榜》中二郎神的妻子,而她在48岁坠入人生低谷。

经过一番八卦外界才知道,杨婉仪的后冠比赛后归她私人拥有,然而港姐后冠并不是什么贵重珠宝,只是由一些廉价材料做成的"舞台道具",不值钱。不过因为颇具纪念意义,这顶后冠以100多万港元的价格被抵押给银行。

然后,20世纪80年代的几位港姐冠军出来爆料,说她们的后冠都不是真金真钻,主要材料是玻璃,只有胸针是钻饰。金属部分"早就氧化变形,连18K金都不是"。陈法蓉压根忘了自己还有顶后冠,她的后冠被小孩子翻出来当成了玩具。说来说去,还是1988年加冕的李嘉欣最有心,玻璃做的后冠也被她小心收进了保险柜,30年来只有一次被拿出来拍杂志,后冠完好无损。

直到1997年,港姐竞选终于有了赞助商六福珠宝,后冠终于变成价值数百万港元的珠宝大件,但仍然只有冠军后冠是真珠宝。1999年的季军胡杏儿吐槽说,自己的礼冠照样生了锈。今天的后冠,用了贵金属和真钻石,价值达到400多万港元。以吝啬著称的TVB意外规定,后冠和奖金都归港姐私人所有。2013年港姐冠军、嫁给郑嘉颖的陈凯琳,就可以开心地捧回一顶真后冠。美皇后和真珠宝,终于找到了彼此。

为什么是六福珠宝成为港姐赞助商,而不是周大福、周生生或者谢瑞麟?六福珠宝确实和港姐有些渊源,六福珠宝董事会中,有一位杨宝玲女士。1987年她一举赢得港姐冠军。其实当年还有一位美人比她名气大得多,那就是直到2017年还被选为"虎扑女神"的豆豆邱淑贞。

杨宝玲演艺生涯没有太大的成就,结了三次婚,遭遇了不少狗血事件。好在她颇有商业头脑,据说1991年就自掏腰包入股了六福珠宝。她以港姐身份亲身代言,还拉来曾经的好姐妹——"亚洲小姐"翁虹一同造势,又是剪彩,又是亲自做销售,使六福珠宝家喻户晓。港姐竞选历来倡导港姐要"美貌与智慧并重",因为投资六福珠宝,杨宝玲被认为是唯一名副其实的人。

不过六福珠宝今天生意上的成绩,并不能全记在杨宝玲头上。这家公司真正的核心人物是董事局主席黄伟常。黄家至今已经是三代珠宝商,1991年创立六福珠宝之前,已经做了几十年珠宝生意了。黄伟常从小在父亲开的金店里长大,是家中五个孩子中的长子。早期家里只有个普通的小作坊,他和工人一起挤在低矮的阁楼里睡觉,腰都直不起来。

幸运的是,小作坊抓住了内地游客赴港"血拼"的天赐机遇,在自由行开始之前就尝到了甜头。据说20世纪90年代,拿着代购清单的内地游客滚滚涌入香港的大小金店。黄家有时连包装盒子都用光了,只能用报纸包着金饰珠宝继续卖。黄伟常接手了这份不大的家业之后,很快意识到小作坊竞争不过大公司,他引入投资,广开分店。几十年前,他就斥"巨资"几万港元请汪明荃拍广告,在一众街边小作坊中显出不同来。最神奇的一段故事是,多年前他捧着书自学电脑,亲自研发出一套数字化销售管理系统,在行业里有了名气。

黄伟常的女儿黄兰诗目前担任六福珠宝的执行董事,几年前接受采访时,她说小时候就在杨宝玲家亲眼见过她的港姐后冠和权杖,亲密得就像在说自家姑妈。为什么要赞助港姐竞选?选美活动整个过程要持续数月,设置了海选、复赛、决赛等环节,还有拍外景、泳装照等环节,加上各种八卦噱头,每年都会在城中制造热度。黄兰诗说:"这对品牌的推广宣传帮助很大。"

　　1997年起，六福珠宝赞助的港姐后冠已经是价值不菲的高级珠宝了，作品还要兼顾港姐未来的日常佩戴。几乎每顶后冠都被设计成可拆卸结构，中间的主石可以拆下来当作吊坠供平常佩戴，港姐戴出去，就是六福珠宝的曝光。六福珠宝的营销风格简单直接，不像欧洲珠宝商那样天天讲皇室贵族，也不在珠宝的材质、切割和镶嵌工艺上做文章。"只要轻轻一按主石位置，后冠即可变化为一枚能配衬任何时尚服饰的钻石吊坠。"连续很多年，六福珠宝介绍港姐后冠的时候，说的都是同一句话。

　　每次港姐竞选进入最后阶段，六福珠宝的某家分店都会举行"试戴会"，各路媒体闻风前来。最后的颁奖典礼上，常常是六福珠宝高管把后冠颁发给港姐冠军。三甲出炉后，还会安排三甲选手到六福珠宝的店铺做宣传，杨宝玲也来，这可能是六福珠宝一年中的高光时刻。

　　也是在1997年，六福珠宝在香港上市，当时距离六福珠宝品牌创立只有6年。今天六福珠宝经营的主要是黄金、铂金、珠宝首饰，店铺总数已经超过1600家。主席黄伟常感叹，年轻时真是做梦也想不到。

　　今天，人们常常将周大福、周生生、六福珠宝和谢瑞麟并称为"香港四大金行"。港系珠宝商有一些共同的特点：渗透率高，四五线城市都有店铺；黄金产品比重很高，婚嫁产品是支柱业务；总体价位不高，对电子商务非常热衷；珠宝之外，他们还代理很多钟表品牌。今天，按销售额算，周大福是全球最大的珠宝公司，其他几家实力也不俗。各港系珠宝商都开始做一些提升自身定位的事，比如周大福曾花费5.5亿港元拍下一枚粉钻，令全球瞩目。

今天的港姐后冠价值400多万港元，而六福珠宝的入门产品价格不到1000元，结婚钻戒通常选20分左右的主钻，价格在6000～8000元。六福珠宝务实、接地气，在年报里说自己是"大众化奢侈品"，不断告诉顾客自己"性价比高"。六福珠宝在京东、天猫、唯品会等10家电商平台上开店，目标是下一年电商销售额增长30%。各路网上旗舰店里，色彩鲜艳的折扣券闪来闪去。

六福珠宝有许多系列，比较有名的是林峰代言的"Love Forever 爱恒久"，材料主要是铂金和钻石。港系珠宝商都高度重视黄金饰品，六福珠宝有一个"囍爱"系列，专门为亚洲人，尤其是中国人的婚礼创作各种金饰。如此懂中国，香港四大金行怎能不发财？

今天六福珠宝的1600多家店里，约1500家在内地。可以说，内地消费者是六福珠宝的衣食父母。在连续21年赞助港姐竞选之后，今天的六福珠宝已经无法依靠日渐黯淡的港姐竞选、TVB来影响内地市场了。2017年，六福珠宝签下在电视剧《欢乐颂》里扮演关雎尔的年轻女明星乔欣，代言Dear Q系列。先卖手串，再一个一个卖挂件，显然是PANDORA（潘多拉）的套路，这让囊中羞涩的少男少女也愿意把钱掏出来。

这几年，六福珠宝赞助了北京马拉松、南方新丝路模特大赛等内地的赛事。公司发现电竞、网游在年轻人中颇具影响力，所以专门为比赛赞助冠军指环，推出"王者之心"系列产品。赞助商对港姐竞选已经不再是绝对的忠诚了。如果请经济学家观察选美，对方一定会告诉你，美貌其实也是经济的风向标，只有经济繁荣的地方，美貌才具有最理想的交易价值。

　　李嘉欣、朱玲玲生活在香港的男权时代，她们人生的成功与否，很大程度上取决于身边的男人。今天这一法则仍然没有完全退出香港舞台，2010年港姐季军郭嘉文逃也似地离开TVB糟心的主持工作，成为李泽楷的女朋友，飞上枝头。不过也有雷庄儿这样的女孩——你们总骂我是"最丑港姐"，姐姐不伺候了——她已经选择飞回出生地加拿大，和男友过自由自在的小日子，对方不是富豪，和自己年纪相仿。只能说，香港女性有了更多选择，呈现出不同的价值观。

　　香港与内地在经济上的相对地位，和20多年前相比已经出现了巨大的变化。对六福珠宝这样的赞助商来说，也许，内地的热播剧或者选秀节目比港姐竞选更值得投资。

维密珠宝商的中国野心

"她像一大包湿水泥那样倒在 T 台上,偷走了所有的聚光灯。"维密大秀的最高潮,历来是超模身着 Fantasy Bra(梦幻内衣)压轴出场的一刻,结果 2017 年上海这次,人们只记得奚梦瑶那难堪的一摔。摔倒的镜头被维密堂而皇之地剪进了正式发布的视频,创造了历史。90 后单身妈妈、蜜糖肤色的巴西姑娘 Lais Ribeiro(莱斯·里贝罗),穿上了这一年的 Fantasy Bra,却悄无声息地离开了上海。

每年的 Fantasy Bra,价值都在几百万甚至上千万美元。维密是个做平价内衣的,从哪里找来这么多金银珠宝?

答案是 MOUAWAD,一个诞生于黎巴嫩的珠宝商。它的总部之一在日内瓦,因此也经常被认为是瑞士公司。MOUAWAD 是维密多年的合作伙伴,有正式的中文名——"懋琬",格调、意境是有了,不过我觉得还是英文好记一点。MOUAWAD 是独立的家族企业,传了 4 代人,历史将近 130 年。MOUAWAD 不像卡地亚、宝格丽那样被奢侈品集团收购、有后台,也不会每年做铺天盖地的大活动,在全球扩张。只有在拍卖场上、在名流圈子里能听到 MOUAWAD 的名字,此外就是靠维密了。

1865 年,David Mouawad(大卫·懋琬)出生于黎巴嫩贝鲁特。

黎巴嫩这个中国人不太熟悉的国家,是欧洲和中东文化交融的地方,深受基督教影响,历史厚重。黎巴嫩历来有一群精致的人,他们喜欢高级定制时装,迷恋高级珠宝与腕表。20世纪70年代,黎巴嫩有"中东巴黎"之称,法国影星碧姬·芭铎也来这里度假。今天在高级定制的世界里,仍然有黎巴嫩设计师的位置。

19世纪末,20岁出头的David Mouawad漂洋过海,在美国和墨西哥生活了20多年。为数不多的资料记载,他在这期间学习珠宝打磨、镶嵌等工艺,还做过金匠。1908年他回到黎巴嫩贝鲁特时,已经53岁了。他在贝鲁特开了一家小铺子,销售钟表和珠宝,也为客人专门定制珠宝。翻看Mouawad家族四代人的经历,你会发现他们的基因里有强烈的冒险精神。在跨国旅行依靠航海的年代,他们从不安于守在一个地方。

家族第二代,Fayez Mouawad(法耶兹·懋琬)带着珍宝跑到了沙特阿拉伯,他在沙特阿拉伯上流社会如鱼得水,打开了中东生意网。他生于1917年,1990年去世,成功抓住了中东国家大发"石油财"的机会,为Mouawad家族赢得了一杯羹。Fayez被认为颇具珠宝设计天赋,在中东"黑金"(石油)的滋养下,MOUAWAD的技艺日臻完美。

第三代Robert Mouawad(罗伯特·懋琬)论野心毫不逊色于父辈,他把MOUAWAD总部搬到了瑞士日内瓦——这一世界硬奢品的核心。今天MOUAWAD在瑞士和中东各有一个总部。Robert向更多的国家扩张,同时成为一个拍卖行的大客。他出手阔绰,频频斩获传奇巨钻,巩固了MOUAWAD在业内的地位。2001年,在他执掌下的MOUAWAD与维密神秘结缘。从此,

MOUAWAD每年都会捧出吸引全世界目光的Fantasy Bra。

2010年，Mouawad家的第四代正式接班，三兄弟分别负责腕表、珠宝等不同部门。他们继续一掷千金买钻，真可谓极尽奢华，至今已经创下五项吉尼斯世界纪录。

2017年维密大秀的完整视频公布后，全世界维密粉都目睹了Lais Ribeiro佩戴"香槟之夜"轻盈坚定地走过T台，她美丽的肤色和宝石一起闪光。这套Fantasy Bra由手工镶嵌了近6000颗白钻、黄色蓝宝石和蓝色托帕石。

三兄弟中的老大Fred Mouawad早年曾经对国外媒体说，Fantasy Bra一件也没有被真的卖掉。但有不少超级富家女曾悄悄找过来，询问Fantasy Bra的尺码是否适合她。《时尚芭莎》曾披露：每年的维密大秀之后，Fantasy Bra都会用一年时间等待买家；如果到了下一年还没被卖掉，上面的珠宝就会被拆下来另作他用，如梦似幻的Fantasy Bra就只剩下图片、视频和回忆了。

《时尚芭莎》说，2004年和2012年的Fantasy Bra是被人买走了的。但Mouawad家族守口如瓶，外界至今不知道是谁豪掷百万美元收藏了这两件艺术品，它们是否有可能被买家拆卸，重新设计组合？这或许永远都是谜。我们只知道这两件Fantasy Bra当时是超模Tyra Banks（泰拉·班克斯）和Alessandra Ambrosio（亚历桑德拉·安布罗休）穿戴的。

遗憾的是，2004年Tyra Banks没有佩戴Fantasy Bra走秀。因为当年美国超级碗中场秀上，Janet Jackson（珍妮·杰克逊）和Justin Timberlake（贾斯汀·汀布莱克）演出时发生了糟糕的走光事件，人们质疑Janet Jackson自导自演了这出闹剧。结果居然是维密取消了当年的大秀。

最令人目眩神迷的珠宝，最性感的模特，就算终究会消失在茫茫人海中，那T台上的一幕幕仍然令人过目难忘。吉娘娘（Gisele Bündchen，吉尔赛·邦辰）、可儿（指上文提到过的Miranda kerr）、糖糖（Candice Swanepoel，坎蒂丝·斯瓦内普尔）……她们披荆斩棘走上这个T台，在Fantasy Bra的光芒中达到巅峰，这背后也有些许女性个人奋斗的美国梦意味。就算走到退休都没赢到Fantasy Bra，天使们仍然有机会在大秀上佩戴MOUAWAD的各种珠宝，钻石、祖母绿、蓝宝石、红宝石，这些珠宝与她们美丽的皮肤和线条相互辉映。

Mouawad家族四代掌门人都对巨钻有"贪婪"的执念，似乎从来都不会被天文数字的价格吓倒。不过，对于任何一个有顶级珠宝梦想的品牌来说，在拍卖场出风头都是必须的。还有什么，比买下一颗有皇室传奇故事的天价巨钻更能彰显品牌实力呢？特别是对于MOUAWAD这种独立的小众品牌，珠宝大品牌的营销套路，如签约"影后"、做珠宝大展等都无法实操——小品牌店铺少、不容易量产，其他条件跟不上。

那么，就做一些惊世骇俗的事，让全世界的人当奇闻逸事自发传颂。Mouawad家族收藏的巨钻太多，每枚都有传奇、有故事，和皇室明星有瓜葛，在各个大洲颠沛流离，甚至卷入凶杀案件。于是MOUAWAD建了一座博物馆，收集各种奇珍异宝。他们还会自己创造吉尼斯世界纪录，不断创作出最贵的首饰盒、最贵的手包、最贵的bra……

在中国，MOUAWAD还是个陌生的名字，但是Mouawad家族对中国可不是漫不经心的，在这个家族惯有的野心驱动下，它可能很快就要发动进攻。这家公司的官网上，有英文、阿拉伯文和中文三种版本。很难想象，这个在中国知名度如此之低的品牌，早早把中文网站做好了，中文内容非常丰富。家喻户晓的中国女演员章子怡曾佩戴MOUAWAD珠宝出席戛纳国际电影节。

而在2007年，MOUAWAD曾卖给澳门赌王何鸿燊一枚钻石，这枚钻石后来被命名为"何鸿燊之星·澳门新葡京"。这枚全世界最大的无瑕枕形钻石重达218.08克拉，被美国宝石学院（GIA）评为D-IF级，在打磨和对称度方面极为完美。现在这枚钻石由澳门博彩控股有限公司所拥有，并在新葡京赌场公开展出。何鸿燊说，这枚钻石代表了公司对服务澳门和澳门人的永恒决心。

对中国市场虎视眈眈的维密，这次还带来了MOUAWAD。多年来，两家的联姻始终被认为是一次双赢的营销。MOUAWAD珠宝被全世界最性感的女人佩戴着，闪闪发光地出现在全世界的目光中。不过，比起维密对Fantasy Bra不遗余力的营销，MOUAWAD在大秀前后似乎没好好利用这价值连城的热度，是刻意保持尊贵神秘，还是作为独立家族企业对海外市场不够熟悉？

搜了一下，名叫MOUAWAD的微信公众号，已经被人抢注了。

低欲望社会，维密还在贩卖性感①

2016 年，日本管理学家大前研一的《低欲望社会》出版，这书名直指日本年轻人不贪心、不争取，连谈个恋爱都觉得累人的现状。"低欲望病毒"在这个星球上悄悄蔓延，虽然大部分年轻人还在兴致勃勃地恋爱，但你是否同意，和上一代相比，现在的年轻人已经朝"性冷淡"方向走了好几步？

地球另一边，美国内衣品牌维密多年一贯地挥洒性感。

2018 年 11 月 8 日，维密大秀在纽约举办，同年 12 月 3 日播出——大秀诞生于电视业鼎盛的 1995 年，20 多年过去了，2018 年这场维密大秀的热度跟前一年奚梦瑶摔跟头那次不能比。

60 名模特上台走秀，表演嘉宾共 7 组。大秀在纽约举办，超模没有乘坐标志性的粉色专机，也没有在舷梯和机舱内自拍。Fantasy Bra 的穿戴者是 2015 年签约维密的天使 Elsa Hosk（艾尔莎·霍斯卡），这次的 Fantasy Bra 由施华洛世奇提供，而不像以往由黎巴嫩奢华珠宝品牌 MOUAWAD 提供。这次的 Fantasy Bra 价格只有 100 万美元，和曾经上千万美元的不能比。维密顺势推出用水晶制作的"平价复刻版"Fantasy Bra，售价 250 美元，让普通人也可

---

① 本文为本书作者卢曦与王羚捷合写。

以买到"同款"。

到了2019年,维密大秀直接被取消了,维密老了?

20多年的维密大秀给我们上了一堂营销课。极少投硬广,极少与博主、意见领袖合作,却可以短时间内在全球制造轰动,令全球媒体自发报道,令全球网友扑上键盘、主动"吐槽"和转发。我们疑心:维密究竟有没有拍过对其他品牌来说是标配的那种广告大片?线下门店,无论是卖香水的周边店还是品类齐全的旗舰店,都在循环播放最新一年的维密大秀。

维密赖以生存的是最原始、最奏效的刺激。首先是性——大批量全世界最美好的肉体,短时间内以最性感的裸露方式出现。其次是金钱——每年的Fantasy Bra,都镶满金银珠宝。你不需要认得那些宝石,只要捕捉到"1000万美元天价内衣"这一最简单、最直接的信息,就很想"吐槽"、很想转发,有没有?在接下来的一年里,不论是在酒吧还是韩国烤肉店,夜晚店铺里的大屏幕免不了播放维密大秀的视频……

不论是报纸、杂志还是网站,都会提前给维密留好版面;社交媒体上的路人甲,也会在大秀前后化身"不领五毛"的勇猛"水军",将话题推上热搜。为什么?因为贪财、好色、猎奇是人类本性,戳这些点万试万灵,即便人类这个物种的欲望出现了下滑。

维密还制造了人见人爱的"八卦"。

今年哪个模特能上,多大的翅膀,谁穿上了Fantasy Bra,谁开场,谁压轴……这些人造规则刺激着一批又一批的漂亮姑娘们争风吃醋。后来这些招数被综艺节目《创造101》学了去。秀场之外,还有财富和权势的刺激:谁坐在头排,谁又去了香艳无比的维密 After Party（演出后派对）？ 学霸天使小 KK（Karlie Kloss，卡莉·克劳斯），据说就是在 After Party 上认识她家"高帅富"（Joshua Kushner，约书亚·库什纳）的。

Gigi Hadid（吉吉·哈迪德）、Bella Hadid（贝拉·哈迪德）、Kendall Jenner（肯达尔·詹娜）都是拥有百万、千万名粉丝的网红，她们之间的 Catfight（指女人之间的打斗）异常精彩。有一年，维密让"盆栽哥"①上台演出，并与前女友 Bella Hadid 同场走秀，留下一张"当爱已成往事"的照片。奚梦瑶一摔，倒是摔成了维密"中国代言人"。维密大秀不是专业的时装秀，是一场"梗"越多越好的真人秀。

为什么维密沉迷于这种肤浅的营销套路？

维密产品不贵，面对的受众群体极为庞大。一件内衣在官网上的标价在50美元上下，折合人民币300多元……维密还经常打折。2017年，维密全球销售额达到将近74亿美元。我粗略地估算了一下，按一件内衣价格50美元计算，维密一年要卖掉近1.5亿件单品——148000000件。

考虑到维密还有睡衣、香氛、身体乳等很多品类，卖出的内衣数量要打个折扣，但"上亿件内衣"是不难做到的。综合考虑，粗略估算，维密营销需要影响的人群数量应该也要上亿才行。那么你的营销必须肤浅，才能人人都懂；必须让群众喜闻乐见，才会有自发传播。逻辑越简单，越原始，就越好。

简言之，营销不肤浅，维密就不可能卖出去上亿件 bra。

---

①指威肯（The Weekend），原名阿贝尔·特斯法耶（Abel Tesfaye），是1990年出生于加拿大的创作型歌手。

　　对维密来说，"没动静"比负面评价更糟糕。这样一个平价、质量一般的内衣品牌，就应该邀请奚梦瑶这样话题度十足的明星。我们再来看维密的同行 LA PERLA，这个品牌内衣价格在300美元以上，和维密构不成竞争关系，营销套路也就截然不同。LA PERLA 需要请刘雯拍广告大片，在 *VOGUE* 上投广告，跟公众讲工艺、讲故事。两者需要影响的群体——从数量和质量上讲都很不一样。

　　我们发现，很多在2000年前后崛起的美国品牌，都喜欢在"性感"上做文章。

　　Guess 以强调女模特的胸部和臀部曲线闻名；Abercrombie & Fitch（以下简称AF）的裸男营销前无古人；凭借夺眼球的性暗示广告，American Apparel（以下简称AA）曾经是美国发展最快的快时尚品牌。对年轻消费者眼球的吸引，是销量的春药。其实裸露在时尚圈是常见的手法。欧洲大陆也有裸露，但裸露的多是苍白而中性的身体，不唤起情欲，只表达态度。

　　产品和大秀之余，奢侈品牌请 VIP 和媒体们去手工坊，讲产品耗费的心力，讲新一季的灵感与厚重历史的联结。Instagram 上放出的短片也截然不同：奢侈品牌注重表现时装和手袋的细节，工匠在制作坊中穿针引线，产品在模特身上熠熠生辉；维密呢？身段姣好的姑娘们，笑着闹着在阳光下漫步。

　　同样是做展览，LV 爱说悠久历史，说产品是如何随着交通工具和客户群体的变迁，从花式旅行箱拓宽到现代皮具；而维密2017年配合腾讯视频做的展览则是御用摄影师 Steven Miesel（史蒂文·米斯尔）的"美好肉体实录"——还是卖弄性感呀。

美国人对性感营销的喜爱,不局限于做衣服,在美国还有很多服务员穿着非常性感热辣的餐厅。这可能是因为美国资本市场高度发达,极度重视短期利润,而美国的商业分工又极其成熟精明,效率至上,总之没什么耐心。那么短平快的性感营销在美国自然盛行。

这几年来,性感好像卖不动了。Guess正在寻求转型,AA因为一系列负面事件已经面临破产,AF也宣布停止裸男营销。其实维密也很着急:销量增长放缓,利润一路下跌,公司股价跳水,大秀收视率也一路下滑,2019年更是取消了维密秀。

回到大前研一关于"低欲望"的理论。当《花花公子》的裸女不再好卖,维密的性感营销前景也不算乐观。强撑着性感、奋力制造噱头可以延缓维密的衰老,摆在维密前面的似乎有两条路:一是在产品上树立远大理想,提升品质,往奢侈品的方向走;二就是跟着欲望走,寻找那些欲望汩汩、对性和金钱仍然充满兴趣的国度,收割新大陆的红利。

宝格丽想在上海找回20世纪30年代

2016年7月的一个早晨，上海黄浦江畔，意大利人Silvio Ursini出现在一座摩天大楼36层的套房里。哑光的黑色木质地板，柔软的褐色地毯，客厅整整两面墙都是大幅落地玻璃窗，窗外，陆家嘴东方明珠广播电视塔周围萦绕着薄薄的雾气。他穿着修身的西装，没有打领带。"晚上会更美。"他在沙发上轻轻地坐了下来。

Silvio是宝格丽酒店的执行副总裁，在耗费了五年心血，经历了无数次往返之后，他终于可以揭幕中国的第一家宝格丽酒店了。多年来，他的电子邮箱里总有来自世界各地的邀请，很多人都希望Silvio把下一家宝格丽酒店开在他们那儿。只有首都，或者与首都地位不相上下的城市才会被考虑。很多年以前，Silvio就在世界地图上的"上海"画过一个圈。从10年前开始，他在上海"看了很多块地"，但没有一处让他满意。

2011年的一天，他与中国公司华侨城集团一起，来到上海黄浦江和苏州河交汇的一块空地上。那个地方叫苏河湾，河水流淌，微风吹拂，附近居民在弄堂里来来往往，江对岸的陆家嘴人头攒动。"拉丁语里面有个词是'充满精灵的地方'，只要到现场，我就能感觉到一个地方的能量。"Silvio回忆说。而那天真正打动他的，是苏河湾的一座老建筑，那是100年前上海总商会会员聚会、议事的地方。

上海1843年开埠,20世纪早期,苏河湾是"华界工厂发源大本营"。浙江商人黄佐卿在这里创立公和永丝厂,赫赫有名的荣氏家族也在此创办了福新面粉公司。一时上海商界巨子云集,于是成立了上海总商会,上海大亨朱葆三、沈联芳、虞洽卿等都担任过上海总商会会长。那一切就发生在这个地方。走进上海总商会老建筑,Silvio在地板上发现了一个美丽的图案。后来,这个图案被定为整家上海宝格丽酒店的象征符号。"也许因为我是个意大利人,我觉得老的、有历史感的东西对我非常重要。" Silvio 说。

21世纪初,诞生于罗马的珠宝品牌宝格丽决定发展一个新的部门——酒店与度假村。宝格丽没有为这个部门制定盈利的目标,但要求务必找到全球最超凡脱俗的地方,为宝格丽建一个俱乐部,招待客人,树立品牌形象。目前,宝格丽在米兰、伦敦和北京等城市都有酒店。普通人或许很难想象,在这些地方,有一些客人会住上整整一年——他们真的把酒店当成自己的家。

60%以上的客人都是老客人,他们有的早已互相熟识。而酒店的员工不仅认识他们,还了解他们的家庭情况、纪念日、个人爱好等。太熟了,有些客人会把自己的重要物品留在酒店里,放心外出一阵子再回来。既然如此,不如为他们造一个属于他们的、宝格丽的家——于是又有了宝格丽公寓。其实伦敦宝格丽酒店顶层的两个大套房就是被客人买下的,他们就住在那里,平时他们也享用酒店的设施与服务。

迪拜宝格丽酒店拥有170套公寓,和上海的模式很相似。未来新的宝格丽酒店,可能都会设置公寓。Silvio 希望,每个宝格丽酒店项目都能营造出一种"意大利式的奢侈"。"当然,这是一个昂贵的地方，因为我们是宝格丽嘛。但我们不是为了高价而来，意大利式的奢侈，指的是一种放松的状态，不是懒散或者邋遢，就是一种舒适惬意。"Silvio说。

Silvio觉得，当下的中国人正在找回中断了一个世纪的优雅。去米兰、伦敦、巴厘岛宝格丽酒店的中国客人数量年年攀升，他们对雪茄、红酒有着成熟的鉴赏力。到了上海，Silvio有些意外地发现，中国富人送孩子学钢琴，还学骑马。

珠宝，可以改变设计、出新品，而酒店和公寓一旦建成，几乎就很难改变了。在苏河湾感受到"精灵"的能量之后，Silvio必须调动他的理性来推进这个宏大的计划。对中国的合作伙伴华侨城集团，他是在一次又一次往来之后，才放下心来的。华侨城集团2010年在上海拿下这块地之后，没有立即开工，而是找来多个国家的知名设计事务所，请他们提出自己的规划方案，再反复比较。最终胜出的是英国福斯特建筑事务所（Foster＋Partners）。

该方案吸引Silvio之处在于，宝格丽酒店并不是孤独地出现在黄浦江边40层的"宝格丽高塔"上的，其规划包含了整个社区。这里有苏州河、黄浦江、外白渡桥这些老上海的经典标识，还有20世纪中国企业家兴办的工厂、银行金库等老建筑。方案将老建筑视若珍宝，设法恢复其原貌并修旧如新，再使其与周边环境、水道融为一体。被这个规划鼓舞的Silvio立刻前往深圳，访问了华侨城集团的总部。他注意到，著名建筑设计师Richard Meier（理查德·迈耶）为华侨城集团总部设计了一个会所。

他觉得那简直是他在中国见过的最美的建筑，他发现这个中国的房地产开发商总想找全球最顶尖的建筑师合作，有不错的品位。"我是被中国人这种决心和意志力感染的。"Silvio说。

宝格丽酒店在全球的拓展，其实大大落后于最初的计划。但公司认为，懂得克制比过度扩张更好，要精心确保每家酒店真的是宝格丽的。从第一家酒店开始，意大利著名建筑事务所 Antonio Citterio Patricia Viel & Partners 就是宝格丽的合作伙伴，每家宝格丽酒店都是由他们主持设计的。设计师 Antonio Citterio 说，他对豪华、流行这样的词不感兴趣，他在乎的是细节是否精致、选取的材料是不是高品质的、设计是否兼具经典与现代感。宝格丽酒店还把"御用"的灯光管理公司、spa咨询公司一次次派到上海。在长达五年的时间里，Antonio Citterio 不断收到一些小小的砖块、木块、正方形的小块窗帘布等物品。在他点头后，这些材料才可以被采用。

今天，在这座40层的摩天大楼里，宝格丽公寓位于4—34层，34层以上是宝格丽酒店。长长的通道以宝格丽的罗马式风格设计而成，将宝格丽公寓和酒店分隔，保证私密性，但公寓的住户可以享受酒店的各种设施和服务。比如打电话到酒店前台，要求送上鲜花或者红酒，或者去被设计成古罗马皇帝浴室一般的游泳池游上一会儿。住在这里的人下楼就可以去会所，里面有顶级的中餐馆——还是上海总商会那座老建筑，华侨城集团团队专门把后来搭建的多余部分移除，恢复建筑原有的样子。

"20世纪30年代，中国最漂亮的男人和女人们穿着礼服，非常讲究地来到这里。他们聚会、跳舞，那是中国最优雅的年代，他们是最优雅的一群人。我们想把那个被遗忘的年代找回来。"Silvio说。

TASAKI①、蒂芙尼和DIOR珠宝为何聘请时装设计师？

　　王大仁披头散发跑向观众，John Galliano（约翰·加利亚诺）扮成海盗船长，就连有社交恐惧症的Phoebe Philo也会在大秀结束时现身。他们是时装设计师，生活在聚光灯下，扮演明星代言人的角色。

　　位于隐秘角落的珠宝设计师却截然不同，他们不露面。记得2017年春天，我有机会进入梵克雅宝工坊，事先被要求做出承诺，不能对外披露任何珠宝大师的身份信息。然而这几年，我们注意到，不断有珠宝品牌邀请时装设计师加盟。他们为珠宝世界带来洒脱的创意、大胆的线条，还有很多奇思妙想，让年轻人大呼过瘾。

　　2018年6月，日本珠宝品牌TASAKI的创意总监Prabal Gurung（普拉巴·高隆）出现在北京，介绍他的Tasaki Atelier系列。穿一身浅粉色西装，Prabal看起来年轻又有型。他生于新加坡，在尼泊尔加德满都长大，跑到印度新德里开始了设计生涯，后来移居纽约，进了大名鼎鼎的帕森斯设计学院。他一直在做时装设计，2010年夺得CFDA/VFF大赛亚军。在好几个设计师品牌经过历练后，他

①塔思琦，日本珠宝品牌。

发布了自己的同名时装系列。

这颗设计新星2017年9月加入了TASAKI，这个以珍珠起家的品牌这些年表现积极。他们在日本之外的很多国家投资扩张，特别重视中国。珍珠之外，贵金属和钻石也在TASAKI得到了广泛运用，品牌还赢得了戴比尔斯审核授予的"原石采购权"，产品目录上甚至出现了腕表。

TASAKI上一任创意总监是泰裔美籍设计师Thakoon Panichgul（塔库恩·帕尼克歌尔），他的同名品牌THAKOON（塔库恩）以剪裁优雅和面料考究在纽约走红。火遍全球的TASAKI balance系列就是Thakoon Panichgul的设计，该系列把品质、大小、颜色都相近的阿古屋珍珠并排摆放，展现了优雅的几何之美。

Prabal在TASAKI的第一个系列就大胆选择了超现实主义表现手法，这既是20世纪20年代巴黎新艺术运动的产物，也是当下年轻人的兴趣所在。传统珠宝设计赞颂自然，设计中常见花草、蝴蝶、飞鸟，形态线条都很写实。而超现实主义设计则将大自然抽象化，作品更大胆醒目。Prabal考虑时装与珠宝的搭配，2018年6月的发布会上，现场陈列了几件他设计的礼服，和珍珠作品搭配出现，珠串和礼服呈现相似的垂坠感。

这个新系列包括80件高级珠宝，设计思路源于大自然，表现了山泉、海水、岩石、瀑布等的形态。其中的Waterfall瀑布系列包含了笔直和弧形的线条，用18K白金和钻石表现水流倾泻入海洋的场景。还有一点酷和搞怪，比如有副耳环像一把弯刀插在耳垂上，Prabal突破了珠宝设计传统的局限。

邀请时装设计师担任创意总监的，还有蒂芙尼。

　　蒂芙尼最经典的六爪镶嵌钻戒Setting系列是品牌创始人设计的，将钻石镶在戒环上，令光芒得以全方位折射，使人们从各个角度都能感受到钻石的美态。据说蒂芙尼历史上只有四位设计师有资格为作品签名，其中一位是1987年去世的Jean Schlumberger（让·史隆伯杰）。这位大师热爱自然界的万物生灵，特别是海洋生物，他用不同色彩的宝石和贵金属表现花朵、飞鸟、海洋等的形态。

　　蒂芙尼以银饰起家，后来成为钻石大师，设计历来崇尚美国式的简约与和谐。2008年推出的Keys钥匙系列成为爆款，多年后在中国热门电视剧《我的前半生》里有不少戏份。2013年，蒂芙尼请来一位女性设计总监，她设计的T系列大受欢迎，其中的微笑项链至今销售火爆。2017年，蒂芙尼邀请Reed Krakoff（瑞德·克拉考夫）担任创意总监。曾经在COACH（蔻驰）创造辉煌的他表现得非常"会玩"，他为蒂芙尼设计了天价回形针系列，还推出了蒂芙尼早餐，搅动社交媒体。

　　2018年，Reed Krakoff为蒂芙尼设计了Paper Flowers系列，灵感来自于用纸张裁剪出来的花。小钻石、蓝色坦桑石和黄色钻石等不同种类的宝石结合银饰创造出花瓣的形状。系列包含手镯、吊坠和耳环等产品，售价从2500美元到79万美元不等。其中一条项链镶有一枚68克拉的梨形钻石。Reed Krakoff说，奢侈的原材料和异想天开的设计是为了避免形式化，跳脱传统高级珠宝的设计程式。

　　从LV跳槽去DIOR男装的Kim Jones对珠宝配饰持有类似的想法。2018年4月，他在Instagram上发了一张巴黎办公室的照片，画面中有个亚洲女孩。她是Yoon Ahn（尹安），一个珠宝潮牌的创始人之一。现在,她为 Kim Jones 的 DIOR 男装设计珠宝配饰。Yoon Ahn 是出生在美国的韩国人,她的丈夫 Verbal Jint(金真泰)是出生在日本的韩国人,曾是嘻哈歌手。Verbal Jint 因为找不到满意的珠宝搭配自己的嘻哈潮装,索性自己设计。Yoon Ahn 原本就是设计师出身,她渐渐主持了丈夫创立的这个品牌,这就是风生水起的 AMBUSH。

她设计的珠宝充满趣味和奇思妙想,比如迷你泰迪熊银坠、金色别针项圈等。"侃爷"(Kanye West,坎耶·维斯特)和蕾哈娜都爱戴她的设计,"菲董"(Pharrell Williams,法瑞尔·威廉姆斯)也是粉丝之一。她和日韩潮流圈名人——比如水原希子、权志龙这些亚洲潮流领袖们——关系很好。AMBUSH 在东京时装周的首场时装秀就吸引了众多时尚潮流界的知名人士,如阿部千登势、高桥盾、藤原浩等。夫妻两人曾与许多品牌和买手店展开过合作,还曾出现在 LV 的全球广告大片中。AMBUSH 和植村秀的合作款令人爱不释手。AMBUSH 简直就是珠宝界的 Supreme。和主流大牌珠宝不同,AMBUSH 走的是嘻哈、嬉皮士这些亚文化的路线,作品还融入了东京的原宿风。Yoon 喜欢运用大金链子和银链子——早年出身贫困的黑人嘻哈歌手功成名就后,报复性地披金戴银,逐渐演变成了一种嘻哈文化的象征。

Yoon 2018 年 4 月刚刚加入 DIOR 男装,同年 6 月就搞了个私密的珠宝预览活动,请来了金·卡戴珊(Kim Kardashian)。今天的珠宝设计师,不但要懂设计,还要会玩营销才行。

今天,通常被认为离潮流比较远的珠宝世界,在悄悄自我更新。这一批来自圈外的设计师带来了新鲜血液,不受传统规则的束缚,作品更有生命力,年轻人吃这一套。

不过,肯定有人要问:传统的珠宝设计师需要漫长的学习和磨炼,时装设计师有没有技术上的短板?

珠宝设计制作最早可以追溯到至少7000年前的埃及,从古代设计制作简单的装饰品,慢慢发展到现代成熟的金属、宝石工艺。

现代的珠宝设计师要经过建筑学、材料工程学、成型技术、构图、可穿戴性和市场趋势等方面的一系列培训,方能自如运用各种珠宝材料,就像时装设计师要懂得选择和剪裁布料。珠宝行业里仍然用传统的手绘和制图方法,而当更多的珠宝设计软件被开发和普及起来,设计师便有了帮手。早年珠宝设计师会先为设计稿做一个蜡模,今天可以用CAD模型或者3D打印蜡模来实现。

虽然有这么多高科技"神器"帮忙,设计师仍然需要对各种材料的特性烂熟于心,才能做出符合心意的作品,而不是在设计完成后,才发现无法用宝石和贵金属来呈现作品。珠宝设计制作博大精深,光宝石的切割就有人用毕生精力来研究。而历史和文化的演进、经济的发展都会对设计风格产生影响。早期的珠宝与皇室贵族的宗教活动有关,20世纪之后,珠宝的功能性凸显出来,珠宝日益平民化。

到今天,珠宝的门类划分和定位变得越来越困难,边界在融合,人们更注重自我的表达。时装设计师进入珠宝世界看起来有些特别,可谁又敢说这不是下一个时期的开始呢?

两个YSL

2014年,一部电影《圣·罗兰传》在时尚界和文艺青年中引起了小小的躁动。影片开始,瘦骨嶙峋的时装大师 Yves Saint Laurent 背对着镜头打电话,倾诉自己受到了电击。因为是同性恋,他被送进疯人院"治疗"。影片无非是讲他的设计生涯和私生活——比如他与法国贵族美男子 Jacques de Bascher,还有当年香奈儿创意总监卡尔·拉格斐轰动的三角关系。

一开始总是很美,设计师早早崭露头角,年纪轻轻就入主DIOR。他设计的女士吸烟装(Le Smoking)①、蒙德里安裙(Robe Mondrian)②惊艳业界,还总有突破性的先锋之举。他是一个焦虑敏感的天才,一个不会左右逢源、情感脆弱、最终被酒精和药物毁掉的大师。那么,他的品牌是怎么分裂的?

1999年,YSL品牌被卖给当时的GUCCI集团③,Tom Ford(汤姆·福特)给YSL带来了短暂春天之后,YSL又陷入低迷。2008年,

①经典元素有领结、马甲、粗跟高跟鞋、英伦绅士礼帽、长筒马靴等。在女权尚未启蒙的年代,这种将男式礼服的经典设计与女性的柔美优雅相结合的中性风格属于大胆的开创。
②波普风格的A字裙,以几何抽象画先驱彼埃·蒙德里安(Piet Mondrian)作品中的抽象方格和三原色为设计灵感。
③同年,开云集团收购了GUCCI集团,第一次投资了奢侈品业务。

开云集团把YSL化妆品业务卖给欧莱雅集团,YSL从此分裂成两个品牌。开云集团不爱做化妆品,旗下的GUCCI等最多做做香水。确实只有更专业的欧莱雅集团,才有办法维持YSL化妆品的高水准。反正,这两个集团老板都在巴黎,买卖方便。

欧莱雅集团和开云集团瓜分了YSL,不紧不慢地分头做生意。2012年,有鬼才之称的Hedi Slimane成为开云集团旗下YSL的创意总监,他把品牌名改为SAINT LAURENT PARIS,展开了一系列变革。这个品牌的名字和logo同时存在许多个版本,大概就是从这个时候开始的。

Hedi总是用那些瘦削、苍白的男模,他的设计融入了摇滚风和街头感。人们说,是Hedi把YSL从极端个性的高级定制艺术品,变成了可以穿到身上、能够卖得出去的时尚消费品。然而,Hedi 2016年很不开心地离职了。

在那前后,开云集团当家品牌GUCCI深陷泥潭,老板小皮诺(François-Henri Pinault,弗朗索瓦-亨利·皮诺)有了危机感,开始振作。开云集团对GUCCI的用功没过多久就收到了满意的效果,如果用一句话概括原因,大概是:找到了对的CEO和创意总监。小皮诺悟出了这个真理,他在YSL身上如法炮制,再一次成功了。他也为YSL搭配了新的CEO加创意总监二人组,2016年YSL表现惊艳。

YSL现在的CEO Francesca Bellettini(弗朗西斯卡·贝里提尼)是时尚圈为数不多的女性CEO,她表现出超乎常人的冷静,特别厉害的是,她和两任创意总监都合作得挺好。现在品牌创意总监是Anthony Vaccarello(安东尼·瓦卡莱洛),评论说他的作品使YSL

剥离了Hedi的摇滚气质，又对经典有所传承。他第一季的作品里，模特高跟鞋的鞋底有经典的由YSL三个字母组成的logo，让老粉丝热泪盈眶。

开云集团的YSL不断走红，但CEO天天把"克制""不能稀释品牌"放在嘴边，开店节奏非常慢。可以说，开云集团为YSL找到了对的人。

而欧莱雅集团的YSL化妆品的爆红似乎来得更猛烈一些。在中国，先是因为韩剧，后来又发生了"要男朋友买YSL星辰口红"的社交媒体事件，似乎也与市场风向、消费者心理变化有关——兰蔻（LANCÔME）和雅诗兰黛（ESTÉE LAUDER）因为多年以来的疯狂营销，已经没有神秘感，公众提不起兴趣——TOM FORD、YSL，还有昵称为"萝卜丁"的CHRISTIAN LOUBOUTIN，这些有个性、有新鲜感的品牌在2016年大出风头。

欧莱雅集团对YSL寄予厚望，挖来从业30年的彩妆大师Tom Pecheux（汤姆·佩舍）做创意总监。YSL的明星单品也再度被营销激活，遮瑕用的明彩笔、绒密睫毛膏、方管口红等叫好又叫座。对欧莱雅集团来说，高端化妆品部门一度吃紧，兰蔻变得大众化，赫莲娜（HELENA RUBINSTEIN）有点扶不起，就不要提羽西（YUE SAY）了，到哪里找像YSL这般有明星基因的品牌？欧莱雅集团给YSL输送了最好的资源，本来只做彩妆的YSL也开发出了护肤品。

两个YSL同时爆红，似乎是因为每个环节、每个人都做了正确的事。首先，创始人有个好故事，给了品牌优秀基因。Yves Saint Laurent大师似乎更像个艺术家，才华的绚烂加上精神的不稳定使他的故事有着迷人的悲剧色彩，也使他成为一个传奇。今天还有无数人爱着张国荣,这和爱 Yves Saint Laurent 的心情大概是有一些相似之处的。一句"怪你过分美丽",让粉丝眼眶一热。对品牌来讲,这样的故事是无价之宝。你看,今天香奈儿还在靠创始人的爱情故事卖东西。

其次,或许可以归结为机缘。两个 YSL 于 2008 年分家之后都有些三心二意,没有开足马力。比如欧莱雅集团先让 YSL 退出中国市场,把代理权理顺了,才让 YSL 在 2013 年回归。YSL 明彩笔一度是海外代购清单上最热的单品,不是因为海外便宜,而是因为中国买不到,顾客极度饥饿。而当年开云集团疲于应付 GUCCI 的动荡,对 YSL 是后来才慢慢开始重视的。这反倒保持了品牌的神秘感和个性,当 YSL 发力,恰好遇到消费者追求个性化、独特性的时代。

最后,是高超的商业谋划。欧莱雅集团把产品设计得极富魅力,化妆品爆款迭出;而开云集团的 YSL 不仅时装受好评,还有许多款大热的手袋。YSL 虽一分为二,但都嫁到了"好人家",集团有强大的综合实力支持它们。换句话说,集团的其他品牌实力不足,未必值得力捧,明星品牌是极度稀缺的。

今天,欧莱雅集团就用三个字母 YSL 做品牌名和 logo,无法更完美;而开云集团旗下的这个品牌,名称和 logo 的混乱还没有终结。我们欣喜若狂地买 YSL,而流行往往只在一时。生意人,疯狂刺激市场是拿手好戏,克制和平衡才是他们面临的挑战。

一旦 YSL 也被过度营销,就无法再找回神秘感。看看今天的设计师,有的忍不住自己做了网红,有的跟网红混在一起赚流量,名利双收。或许这就是为什么,无数粉丝心疼只爱做设计,却稳定不了自己情绪的 Yves Saint Laurent。

穿高级定制的卡塔尔王妃

2016年6月,法国奢侈品牌BALMAIN被人收购了,价格将近5亿欧元。买家来自卡塔尔,一个名叫Mayhoola的公司,人们只知道,它还在2012年投资了VALENTINO。

BALMAIN以刺绣军装风格夹克闻名,是目前法国主要的独立奢侈品牌之一。迈克尔·杰克逊、吴亦凡都公开穿过BALMAIN。BALMAIN创始人和Christian Dior是同一时代的人,两个品牌也曾不相上下,但BALMAIN命运坎坷得多。直到2011年,1985年出生、性感得冒烟的创意总监Olivier Rousteing上任,品牌才重获新生。2015年秋天,BALMAIN与H&M的联名款火爆全球。

2015年,BALMAIN的销售额大约为1.3亿欧元。拿下全部股权后Mayhoola对外说,要协助BALMAIN进行全球扩张,发展饰品系列。从VALENTINO到BALMAIN,Mayhoola的投资风格露出冰山一角。它偏爱那些历史悠久、积淀雄厚,却又遭遇动荡、价值被低估的奢侈品牌。在人们对LV们心生厌倦或者负担不起的时候,BALMAIN这种有品质、有格调又没有烂大街的品牌,不论对顾客还是投资者而言,都是性感的。

不过我们感兴趣的是,一个穿着黑色或白色长袍、信仰伊斯兰教、保守又封闭的中东国家,怎么会有家公司,跑到欧洲去收购了好几个奢侈品牌,而且品位如此小众、独特? Mayhoola是谁?

各路媒体的报道对这个私募基金公司都是点到为止,倒是连篇累牍地谈VALENTINO和BALMAIN。厉害的时尚媒体大都来自欧美,它们对自己家和邻居家的品牌当然很熟悉,而对这个来自卡塔尔的神秘金主有点茫然。

Mayhoola也就这几次重大收购发过新闻稿:由某个连名字都没写出来的代表人物宣布收购的事实,并展望品牌的未来。它通常都会说品牌要全球扩张什么的,只字不提私募基金公司本身。我找到了Mayhoola的官方网站,除了英文、阿拉伯文的公司名称外,只有一个在卡塔尔多哈的地址,其他什么都没有。维基百科上搜Mayhoola,是空的。再搜索LinkedIn(领英),显示Mayhoola是一家人数在1~10人的私募基金公司,地址在英国。

看起来,和那些抢人、抢钱、抢项目的急吼吼的普通私募基金公司不同,这个Mayhoola一点也不想让外界了解它,甚至是憎恨出名——它根本就不想红。幸运的是,有一家媒体披露,Mayhoola是由卡塔尔王室提供资金支持的,控制人是卡塔尔王妃莫扎。

她是谁?

莫扎是前任卡塔尔埃米尔哈马德·本·哈里发·阿勒萨尼的第二位妻子——他一共有三位妻子。她生了8个孩子,2019年60岁了。2003年,哈马德废了三子的储君之位,而另立莫扎所生的四子为王储,后者在2013年成为现任埃米尔。

传说,莫扎只穿高级定制。她会定期要求DIOR、JEAN-

LOUIS SCHERRER（让-路易·雪莱）①、Jean Paul GAULTIER（高缇耶）、香奈儿等品牌为她打理全套服装，以备她在举行国家宗教仪式及出国访问时维持王室风范。有一次，莫扎穿了某品牌的高级定制出国访问，人们发现，T台上这款时装半透明的部分，在莫扎身上被换成了不透明的面料，以维护穆斯林王室的威仪。现在，你大概知道，那些价格是天文数字的高级定制是被谁买走了吧？

综合各方资料，我做出以下推测。

阿联酋、巴林、卡塔尔等中东国家的惊人财富源自石油，这些国家都有主权财富基金。所谓主权财富基金，就是把国家的钱集中起来，做一些投资，让钱生钱。巴林主权财富基金曾经投资蒂芙尼，卡塔尔主权财富基金投资了德国大众和中国石油。不管是叫投资局还是别的，主权财富基金本质上是对国家的钱进行投资，是奢侈品投资圈的常客。此外，中东民间同样非常有钱，他们也组建起各种形式的基金，在全球范围内投资，什么行业都投，规模千差万别。

我找到了一个叫作DubaiBeat的网站，这个网站专门梳理中东投资资讯，也卖一些报告。该网站上有文章说，中东人收购奢侈品牌早就不是新鲜事，2009年他们还收购过CHRISTIAN LACROIX（克里斯汀·拉克鲁瓦）。

而本文的主角Mayhoola又有些特别，根据已有的资料我推测，Mayhoola的资金来自卡塔尔王室，是王室的私有财产，与国家无关。就跟英国女王拥有一些房产、一些森林，以及英国所有的天

①巴黎时装设计师Jean-Louis Scherrer（让-路易·雪莱）在1962年创立的高级定制品牌，他曾担任Christian Dior的助理，并与Yves Saint Laurent共事。

鹅差不多。卡塔尔王室就是这个基金的有限合伙人（LP），也就是出钱的，由王妃莫扎做代表。王妃当然不会全球到处飞来飞去看项目、谈生意，Mayhoola是专门管理这一大笔财富的普通合伙人（GP），就是负责找项目投钱的管理公司。

这个王妃莫扎实在太能干，她手里有一大堆营利和非营利机构。她掌管着卡塔尔基金会、卡塔尔奢侈品集团……如果对这些你感到茫然，下面这两个名字你一定听过：半岛电视台、多哈论坛。是的，都是莫扎推动的。

是不是对这个王妃更好奇了？与其他刻意低调的中东王妃不同，莫扎是卡塔尔乃至国际社会事务的明星。她的穿着更是制造了无数话题。她钟爱明艳的色彩和飘逸的真丝，搭配功力高超，全身上下对比强烈又和谐呼应。她出访时用亮眼的头巾展现民族特色，回国后又会回归保守。她强大的气场曾令名模出身的法国前第一夫人卡拉·布吕尼（Carla Bruni）逊色三分。

"对于中东国家的妇女来说，莫扎王妃不仅仅是一个美丽的花瓶，她们喜欢她雕塑般的脸庞，更喜欢她保守装束也掩不住的干练气质。"不仅是莫扎王妃，整个卡塔尔王室都对奢侈品有浓厚的兴趣和极高的品位，他们还不惜重金收藏艺术品。总之，卡塔尔是奢侈品牌全球重要的买家之一，巴黎旺多姆广场、伦敦哈罗德百货等，都有卡塔尔人的影子。

我们再看看这个为时尚、为奢侈品而生的Mayhoola。它不断证明，对奢侈品的投资可不是为了满足王妃个人口味而进行的游戏，它不但懂收购，还能做好品牌，赚到大把的金钱。除VALENTINO和BALMAIN之外，Mayhoola还在意大利、英国等国家广收时尚品牌。他们还会把旗下某品牌的高管调动到另一个品牌去。

在2012年投资VALENTINO之后，Mayhoola提供了充足的资金，帮助该品牌在纽约、伦敦的店铺展开大规模的翻新，足见投资人具有长远眼光，深谙奢侈品运营规律，舍得投入。

国际媒体猜测道，在拥有了这两个大品牌之后，Mayhoola是否会成为又一个奢侈品巨头，就像LVMH集团和开云集团那样？BoF（Business of Fashion，时装商业评论）分析称，Mayhoola可能在收购多个品牌之后组成一个奢侈品集团，再整体上市。我觉得他们更像是财务投资者，以套现赚钱离场为最终目标，只是他们的资金实力、背景、文化决定了他们的投资周期可以非常长。

上帝赐给中东人大量的"黑金"，而他们又用智慧从中淘出了更多的金子。

高级定制，又美又穷

半退休的乐坛天后席琳·迪翁如今是巴黎高级定制时装周（以下简称高定周）上的Lady Gaga。这位1997年电影《泰坦尼克号》主题曲的演唱者，这几年以夸张的造型出现在秀场和街拍中。2016年丈夫和哥哥接连去世，席琳·迪翁几近崩溃。重新出现在高定周上的她看起来极度消瘦，精神状态也有些令人担忧，媒体欲言又止地评论着她的造型。

2019年6月底开始的这场巴黎高定周上，她穿着一套IRIS VAN HERPEN（艾里斯·范·荷本）①的新裙子，半透明，像个奇形怪状的笼子。天后的"抓马"搞怪，倒是为曲高和寡的高定周带来一些关注。据说今天在这个星球上，只有4000名女性在购买高级定制，也有媒体说这个数字其实只有2000，很多人都刻意保持低调。

巴黎高定周一年两次，和人们熟悉的热闹非凡、充满奇装异服的四大时装周有所不同，高级定制是"终极奢侈"，来高定周的客人是全世界最有钱的女人们。其中有我们熟悉的卡塔尔王妃莫扎——因为太爱高级定制，她甚至收购了VALENTINO品牌，践

---

①1984年出生的荷兰女设计师Iris Van Herpen创立的同名品牌，风格前卫。

行着一套高级定制只公开穿一次的传统。还有以美貌出名的约旦王后亚辛·拉尼娅。

2019年7月的这个高定周上，我们看到了很多欧美80后艺人，比如十几年前走红的美国甜心歌手Mandy Moore（曼迪·摩尔），以及小甜甜布兰妮当年的最强对手Christina Aguilera（克里斯蒂娜·阿奎莱拉）。这些女明星经历了人生的起落，如今降低了发唱片和巡演的频率，多年前就已手握巨额财富的她们可以按自己的心意而活，享受高级定制，而不用博眼球出风头。中国明星也有几位，刘雯在台上走秀，不知算品牌好友还是VIP的刘嘉玲和黄圣依也出现在巴黎。

高定周上的品牌大部分都很小众，在中国没什么知名度，不过有三个大明星品牌制造了一些话题。香奈儿迎来老佛爷去世后的第一场高定秀，掌舵的创意总监是老佛爷多年的助手、如今的接任者Virginie Viard（维吉妮·维雅）。DIOR的创意总监Maria Grazia Chiuri又一次秀出了口号式T恤，上面写着："Are Clothes Modern？"GIVENCHY（纪梵希）创意总监Clare Waight Keller的设计收获了不少好评。"这三大品牌的创意总监如今都是女性"，关于高定周，可能只有这个话题是好懂的。

2019年时尚圈的一大趋势是环保面料的运用，以及在设计上体现更多设计感科技感。并不是所有的作品都适合王妃出巡，一些品牌崇尚先锋的设计理念，比如80后女设计师Iris van Herpen特别爱玩超前艺术，而VIKTOR & ROLF（维果罗夫）①也经常有

①两位荷兰设计师联合创立的品牌，以高级定制闻名，同时涉足成衣和配饰，并授权欧莱雅集团推出香水和美容产品。

出位的作品——它曾经把衣服做成一幅折叠的带框架的名画，还曾在仙气飘飘的衣裙上绣上麦当劳色彩的粗话，活像一个街头品牌，2019年就有女明星穿这件来现场看秀。

除了高级定制，在巴黎展示的还有一些高级珠宝，各个品牌也都捧出了自己最顶尖的作品。王妃、富商太太、富家小姐、女企业家、女明星们可以一次性采购礼服和珠宝等全套装备。

"高级定制"这个词源自法语"Haute Couture"，只有达到法国高级定制和时尚联合会要求的品牌，才可以用这个受法律保护的名称。条件包括必须参加一年两次的高定周发布会，在巴黎有高级定制时装屋（以下简称高定时装屋），每季作品都要达到一定的数量，正式成员只有十几个。在漫长的100多年里，条件有修改，成员名单不断变化。全球只有极少数品牌一直拥有这个头衔，包括香奈儿、DIOR、Jean Paul GAULTIER 和 Maison Margiela（马吉拉）等。

高级定制的核心在巴黎，而"高级定制之父"却是一个出生于1825年的英国人 Charles Frederick Worth（查尔斯·弗雷德里克·沃斯）。他20岁出头进入巴黎一家面料店，后来创办了自己的制衣沙龙，请真人模特展示华服，在衣服里缝上自己的品牌名。他最有名的大客户是法国欧仁妮皇后。上流社会鱼贯走入他的沙龙，自己挑选颜色、面料，设计细节。制作不计工本，装饰极尽繁复的高级定制逐渐成形。

二战后高级定制迎来黄金时期，1947年 Christian Dior 的 New Look 再一次激起阴霾下的欧洲对极致华服的渴望，温莎公爵夫人是当时的风尚领袖。而到了1970年，成衣行业的繁荣冲击了高级定制的小世界，高定时装屋数量大幅下滑。不过高级定制并没有像人们担忧的那样走向消亡，而是逐渐在时装生态中找到了平衡。

2014年有报道说，高级定制全行业每年销售额超过10亿美元，雇佣接近5000名员工。全行业才10亿美元——GUCCI差不多1.5个月就能产生这么高的销售额，而COACH母公司也只要一个季度就能搞定这么多销售额。选择坚守高级定制这个行业的5000人也许是出于情感。很多传统没有改变，这一行手工艺人分工非常细致，羽毛、纤维、纽扣、鞋等都有人专门研究。这种活计手工精细、工期漫长，非常累人，但手艺人们对高定时装屋极为忠诚，整个职业生涯都不会跳槽。

一件高级定制礼服价格在10万欧元这一水平，通常不会低于2万欧元，为每个客人单独量身定制，常常要经历三次试衣。高定时装屋常常借衣服给电影明星或者其他名人以提高自己的知名度，有时候还会为此付钱给顶级巨星。2017年奥斯卡颁奖礼前夕，老戏骨Meryl Streep驳斥了当时还在世的老佛爷，因为后者爆料说，梅姨因为另一个高级定制品牌出钱请她穿自己的礼服上红毯就抛弃了香奈儿。

在中国，Haute Couture遇到了一个尴尬现状。这个词被翻译成"高级定制"，导致很多并不符合法国高级定制和时尚联合会要求的中国品牌，因为制作考究，也被称为"高级定制"。这是一个模糊地带，因为巴黎人只能禁止你用Haute Couture这个头衔，而没有权力阻止你用"高级定制"。

今天高级定制的客户来源包括俄罗斯、中国和卡塔尔等国，这并不令人惊讶。论富有俄罗斯寡头举世闻名，特别是那些手握石油、天然气资源的寡头。而随着中国成为全球第二大经济体，中国超级富豪群体持续壮大。卡塔尔王室则历来富得流油。至于其他欧洲国家和美国的富人，她们在这个圈子里资格更老一些。一篇关于 ELIE SAAB 的报道称，新兴市场的客人正在现身，比如土耳其、希腊、哈萨克斯坦、乌克兰等。今天，高定时装屋会在法国之外的全球其他国家举办展览、试穿活动，主动接近那些也许没时间去法国的客户。

大部分已知的高级定制大客户，手握的都是丈夫或者前夫的财富。只有少数人是通过继承或个人奋斗进入这个圈层的，其中包括施华蔻（Schwarzkopf）家族的继承人，以及美国各路知名演艺明星。很多富有女性并不去高定周看秀，她们要求送货上门。

早些年，大部分客户年纪都比较大，而这几年，年轻客人越来越多地出现在高级定制品牌的买家名单上，客户的平均年龄在下降。今天的年轻客人胃口也大，她们一季可能会买下一二十套。一个非常有代表性的例子是 90 后的中国女孩余晚晚——人们经常在 Met Ball（纽约大都会艺术博物馆慈善舞会）等重大活动的红毯上见到身穿高级定制的她。她父亲是中国浙江梦天家居集团股份有限公司的创始人，而她本人从事的是与时装相关的投资工作，拥有自己的公司 Yu Holdings。BoF 还曾在报道中披露高级定制的一些其他中国客人，比如出身富有家族的 21 岁女孩刘珈希，以及一位 20 多年前就买香奈儿成衣的律师事务所女性高管。

如果说香奈儿和 DIOR 的口红早已平民化，那么高级定制仍然无法抹去阶层的意味。这些身处财富金字塔塔尖的女人们，希望华服按自己的心意打造，而且世上仅此一件。与高级定制相伴而生的还有一种类似于私人造型师、购物顾问的角色,他们专门帮助超级富豪寻找合适的高级定制,而且确保她们永远不会撞衫。

作为皇冠上的明珠,高级定制看上去不能更美,然而大部分高级定制业务本身只能勉强维持收支平衡,有些甚至是亏钱的。"每过10年,医生们就会在法国高级定制品牌的病床前聚集,宣布它快不行了。"早在1965年,《纽约时报》就曾这样揶揄。

一个非常有代表性的例子是CHRISTIAN LACROIX,设计师1987年创立了这个美到让人流泪的高级定制品牌,但在累计亏损1.5亿美元之后,它不得不于2009年申请破产保护。高级定制时期的CHRISTIAN LACROIX太过昂贵,有多美就有多寂寞。如今品牌还在,但只做授权生意了,卖的是香水和小件配饰,1000多元就可以入手。

另一个品牌Schiaparelli(夏帕瑞丽),其创始人当年与香奈儿小姐齐名,却在1954年宣布不再经营高级定制业务。直到2007年,TOD'S(托德斯)的老板收购了Schiaparelli,在配饰、香水、化妆品和成衣领域重启品牌,缓了一缓才又发布高级定制。

关于高级定制的商业表现,VIKTOR & ROLF的创始人直言不讳:成本太高,赚钱太难。VIKTOR & ROLF一年两季秀出天马行空的精彩作品,却不用担心破产,归根结底靠的竟然是香水。然而也正是因为VIKTOR & ROLF一次次令人惊叹的高级定制秀,才使得香水那么好卖。2015年,Jean Paul GAULTIER专门停掉了成衣线,专注于高级定制——还好它也有香水。

不赚钱不仅因为销量太低,也因为成本极高。BBC曾报道,一件高级定制晚礼服的平均成本在5万~30万美元。而路透社曾给出一个极端的数据，一件重手工、重装饰的DIOR高级定制婚纱，光成本就高达100万欧元。

单一的高级定制业务，光靠卖衣服给超级富豪，其实是活不下去的。香奈儿、DIOR和GIVENCHY，这几个明星品牌都拥有繁荣的产品线，成衣、手袋、化妆品、香水，无所不包。这些聪明的品牌通常用高级定制来定调，树立整个品牌极尽奢华的形象，从而拉动香水和口红的销售。众所周知，香奈儿的香水和化妆品差不多贡献了品牌一半的销售额。

高级定制更适合大集团玩家，有人说高级定制就是时装业的研发中心，最精湛的技术、最新的面料都是由高级定制先捣鼓出来的。而高级定制的设计风格，也为成衣指出了潮水涌动的方向。一场极尽奢华的高级定制秀就是一个烧钱的全品类营销事件，捍卫品牌的顶尖地位，类似于一种长期投资。就像一个超级大国必须投入巨资研究航天科技，从而拉动整体科技水平。

高级定制貌美如花，香水赚钱养家。全球只有区区4000或2000名客户的高级定制只是看起来很美的海市蜃楼。好在商人们发明了聪明的商业模式，让这份美不至于被岁月的车轮碾碎。纵观高级定制历史上那些曾经辉煌的名字，那些从神坛跌落的往往都是经营困难的，而唯有健康的商业模式、充沛的现金流，方能让高级定制永葆青春。我们感叹于高级定制的华美，而其背后奢侈品集团的商业智慧，又何尝不是这个星球上一种令人起立鼓掌的美呢？

那个主宰Mulberry的亚洲女人

2018年3月,BURBERRY迎来了新的创意总监Riccardo Tisci
(里卡多·堤希),他对设计大举改动,甚至把品牌logo都改了。一
年之后,BURBERRY漂亮的业绩平息了外界的议论。

今天,已经很少有人将BURBERRY与Mulberry(玛珀利)相
提并论了,虽然多年前的Mulberry也是最能表现英式风尚的品牌,
今天的Mulberry却在盈亏线徘徊,不乐观的状态持续了好几年。
2018—2019财年,Mulberry忙着收回代理权,减少批发的比例,更
多做直营。然而比亏损更让人担忧的是,Mulberry全年收入只有
1.6亿英镑,而BURBERRY一个季度就差不多有5亿英镑了。

Mulberry在20世纪70年代以纯手工制作的皮革制品起家,常
常选用不同的皮革,用料上乘,配以精湛的染色工艺,制作精致细
腻,设计上简洁优雅却不失多变,金属铆钉、扣带、铜质配件成为品
牌的经典符号。Mulberry深得名人宠爱,超模Kate Moss(凯特·摩
斯)最爱Mulberry的Bayswater手袋,英国凯特王妃也常常被拍到
拿着Mulberry出门。

这几年公司不停挖空心思以期重振往日荣光,2015年挖来
Johnny Coca(强尼·寇卡)担任创意总监,2017年CEO Thierry
Andretta(蒂埃里·安德雷塔)走马上任。时尚圈一直在议论,

Mulberry打"英伦牌",能否复制BURBERRY的成功。殊不知,从股东看,Mulberry已经不能算英国品牌了。我们从Mulberry官方资料中发现,Mulberry目前最大的股东是持股超过50%的Challice公司,而Challice公司属于一对新加坡夫妇。

外来投资者是怎样从创始人手中夺权,又怎样把品牌带到了今天的境地? 1971年,21岁的Roger Saul(罗杰·索尔)用父亲给的500英镑创立了Mulberry品牌,名字的意思是桑树,颇具英式田园情调。曾担任DIOR模特的妻子给了他创作灵感。一个传统的家族品牌健康地迎来20世纪八九十年代的繁荣。在出海到美洲并踏入室内设计界之后,Mulberry遭遇挫折,一次次濒临绝境,这让Saul身心疲惫,他对投资者打开了一扇门,一对来自亚洲的富豪夫妇出现了。

Ong Beng Seng(王明星),新加坡人;Christina Ong(克里斯蒂娜·王),华裔富豪符运锡的女儿,符以在东南亚经营石油贸易发家。夫妇二人是当今新加坡最有影响力的富豪,坐拥无数产业,涉足酒店、钢铁、航空、石油等行业,时尚是其中最耀眼迷人的部分。他们的零售企业Club 21拥有200余家门店,代理DKNY(唐可娜儿)等品牌。家族产业中,Christina Ong主要掌管时尚和酒店等业务。

2000年,Saul以760万英镑的价格将Mulberry 41.5%的股份卖给了这对夫妇。而双方很快就因是否进军美国市场问题出现了分歧。2002年年底,强悍的Christina Ong突然发起一次股东特别大会,议题是:投票决定是否罢免Saul。当时双方持股比例是41.5%对38%,势均力敌。此时戏剧性的一幕发生了,持股4.3%的关键人Godfrey Davis(戈弗雷·戴维斯)将票投给了Christina Ong。

Godfrey Davis没有对外解释他的决定,他原本是一个跟随Saul的助手和同事,投票后,他成了公司主席和CEO。就这样,Saul像做梦一样被人从自己创立的公司扫地出门。好在他渐渐从伤痛中走出,还乡投身农业。但他彻底斩断了与Mulberry的联系,甚至拒绝为公司成立40周年的纪念图书撰写前言。

"和其他亚洲亿万富豪的太太们不同,Christina Ong可不是男人臂弯里的小甜心。"当时英国媒体这样评论道。根据公开资料,她出生于1947年,照片中留着干练的短发。

2002年之后,Mulberry在Godfrey Davis的掌舵下航行。但我们可以想象的是,持股过半、性格强势的Christina Ong仍然牢牢掌握着最终的决策权。Mulberry此后的战略是聚焦于皮具、配饰,以往Mulberry试探性地进入成衣领域,但没有深入。公司在随后的海外拓展中,几乎清一色地选择了合资、代理的模式,在北美甚至在欧洲本土,也是依靠合作伙伴分销。在亚洲,情况变得更加微妙,因为Mulberry最大的代理商Club 21也是Christina Ong手中的产业。

Mulberry总部的英国人向来对其他区域的市场掌控乏力,大股东自己家的代理商话语权想必更强,品牌在亚洲的布局三三两两、零零散散。幸运的是,这一时期的Mulberry相继找到Stuart Vevers(斯图尔特·维渥斯)、Emma Hill(艾玛·希尔)等几位杰出的设计总监,依靠他们精湛的设计才华赢得市场,财报表现可圈可点。而这也掩盖了品牌对新兴市场掌控、拓展不力的缺陷。

以中国市场为例,2000年以后越来越多的品牌意识到,无法简单地借助代理商从新兴市场抽取利润。代理商希望在合约期内抓紧赚钱，没有塑造品牌的动力和经验，更没有做长远规划的思维习惯。

让我们看看最近十几年来，Mulberry的同行们在做什么：2010年，BURBERRY以7000万英镑从中国香港国行集团有限公司一举收购了内地的50家零售店；COACH在2009年完成了对中国区代理权的回收；即便是相对小众的美国品牌RALPH LAUREN（拉夫·劳伦），也在2011年在中国转向了直营；HUGO BOSS（雨果博斯）差不多也是这样。可以说，到了2011年，如果还没有在中国转向直营，品牌就已经输掉了未来10年。

品牌与代理商争利是常有的事，两相博弈之下，反而增强了品牌的竞争力。对于Mulberry来说情况却不同，Christina Ong是大股东，也是代理商，所谓肥水不流外人田，她不会允许同室操戈，Mulberry也就没有了回收代理权的动力。简言之，在很长一段时间里，Mulberry是一个由新加坡人控股、大部分由代理商分销的、总部在英国、创始人早已离开的品牌。

在奢侈品世界逐渐进入"亚洲时间"的过程中，Mulberry仍然在依赖本土优势。老乡和对手BURBERRY在中国如日中天，Mulberry在中国人心中还是一个与"海淘""代购"联系在一起、中文名字叫"玛珀利"、容易被当成汽车的陌生品牌。

Godfrey Davis 2012年退休，公司从爱马仕挖来Bruno Guillon（布鲁诺·吉隆）。这很快被证明是一个好高骛远的昏招，Bruno Guillon一心想把Mulberry打造成"英国爱马仕"，拔高了价格却没有相应提高品质，气走了曾为Mulberry设计出Alexa和Del Rey系列的Emma Hill。从2012年Bruno Guillon上任到2014年3月他引咎辞职，Mulberry股价的累计跌幅达到68%，市值蒸发2/3，销售量停滞。

Mulberry如今再也无法和BURBERRY比肩，对年事已高的女富豪而言，这也许只是一个不太重要的小生意而已。一个品牌能走红原本就是小概率事件，世事纷扰，想长红就更难了。好消息是，今天的年轻消费者中，有些人不喜欢太过主流的品牌，知名度有限的Mulberry还有一些宝贵的神秘感。

MCM背后的韩国女人

　　一个60多岁的韩国女人,2018年春天跑到了中国,在一场奢侈品行业的会议上,大谈自己与中国的缘分。她叫金圣珠,一个雷厉风行的商人,从小就拒绝做韩剧里的"傻白甜"。她是皮具品牌MCM的主人,在MCM公司的头衔叫作"首席前瞻官"。

　　和FURLA(芙拉)有点像,MCM规模小、知名度较低,反而因此躲过了烂大街的风险。如果有人买不起太贵的品牌,而又希望与众不同,MCM提供了一种选择。

　　MCM 1976年创立于德国。创始人的身世有些离奇,公司也没有到处大讲特讲。创始人是个名叫Michael Cromer(迈克尔·克罗默)的男人,在很多资料上,他被介绍为"名模",也有资料说他是"巨星"。比较可信的版本是,他是一位不太出名的德国演员。他在意大利旅行时,逛了逛当地的皮具店,似乎听到了某种召唤,回到德国就创立了一个皮具品牌。MCM 的本意是 Michael Cromer 的名字,加上创始地慕尼黑的德语名字 München。而MCM设计中的几个经典元素,狮子、月桂叶子、桂冠及钻石,都是创始时就有的,体现了浓郁的德国风情。

　　MCM起步时做皮具,20世纪80年代颇为红火。到了20世纪90年代,MCM 在全球有超过 250 家店铺,辛迪·克劳馥(Cindy

Crawford)曾全裸拍摄MCM广告。但后来品牌险些走上了当年DIOR和Pierre Cardin的老路——过度授权。珠宝、手表、香水、服装……涉足几百个品类，MCM什么都做，还饱受假货的困扰。戏剧性的是，创始人后来惹上逃税丑闻，躲到瑞士，出了车祸，几年后离世。不知是否因为逃税不够光彩，在奢侈品牌都重视讲故事的今天，MCM对创始人避而而谈，倒是大书特书后来的韩国老板。

当年MCM通过直营店销售，也向各大买手店、百货商店批发产品。据说迈克尔·杰克逊、戴安娜王妃、法国女星凯瑟琳·德纳芙（Catherine Deneuve）都是MCM的顾客。品牌取得了巨大成功，直到后来1997年亚洲金融危机。已经风雨飘摇的MCM在1998年落到一家瑞士公司手里，仍然低迷着。

故事讲到这里，我们不妨把视线转向韩国。一个品牌的命运，与世界各个经济体的起起落落竟密切相关。MCM从创立到走向辉煌的最初几十年，欧洲国家和美国仍然处在全盛时代。这时的韩国仍然不算太有钱。朴正熙政府正在带领韩国人励精图治。渐渐地，韩国作为亚洲四小龙之一崛起，三星、现代等一批韩国企业不知疲倦地拼搏，这个小小的国家渐渐摆脱了贫穷。韩国人变得富有了，他们开始买奢侈品。

一个1956年出生的韩国女性，恰好在她成长的过程中经历了韩国经济的起飞。她是韩国大成集团老板的女儿金圣珠，是MCM背后的女人，是她让MCM起死回生，并怀有成为顶级品牌的惊人野心。

金圣珠的家族生意在韩国横跨多个产业，包括能源、汽车等。她的父母思想极为传统，认为女人就应该早早嫁人、相夫教子，不应该插手生意——简直就是韩剧里婆婆妈妈的人生轨迹呢，或许做得一手好泡菜才是美德吧？

金圣珠完全不听话，她跑到美国念书，交了美国男友，气得父母和她断绝关系。她不屈不挠地跑到美国bloomingdale´s（博洛茗百货店）打工，角色就像穿PRADA的女王的小助理。最后与父母和解，还拿到了父亲的"天使投资"。

金圣珠拿着钱开办了自己的公司圣珠集团，并获得了GUCCI在韩国的经营权。圣珠集团还击败三星，成为玛莎百货在韩国的总代理。有资料说，20世纪八九十年代，是金圣珠一手把GUCCI、YSL带入亚洲市场。对于这一点我存有疑问，因为这些品牌进入亚洲常常是先进中国香港、新加坡，说金圣珠把这些品牌带入韩国还差不多。

总之金圣珠是比较早在韩国做奢侈品生意的。2000年，她在韩国代理了MCM，2005年，她果断出击，从瑞士人手里收购了这个品牌。MCM由此进入金圣珠时代。拿到品牌后，她毫不留情地批判道："如今奢侈品俗不可耐，是为情妇和那些阔太太们设计的。"她理想中的MCM是"不同的、为聪明的、注重质量和价值的职业女性服务"。她重新定义了品牌，将MCM三个字母解释为Modern（时尚）、Creation（创新）、Munich（慕尼黑）。

她从adidas（阿迪达斯）挖来创意总监，2006年在柏林开旗舰店，2007年在米兰时装周亮相。2012年伦敦奥运会期间，她在伦敦街头把一个双层巴士改装成MCM双肩包的模样，并将其解释成一家移动的旗舰店，赚了些眼球。

MCM在中国的知名度远远落后于COACH和MICHAEL

KORS。不过作为本书读者的你，一定已经知道它家的铆钉双肩包。这一爆款产品从欧美到亚洲，都有潮人喜欢背。铆钉双肩包的厉害之处在于，不但好看、潮，还很方便、能装。学生可以把书本、文具都塞进包里，背上包还能解放双手。对于明星潮人，背上双肩包还挺减龄的，舒淇背着就像个还在读书的女学生。早期MCM学LV把logo印满整个包，后来也出了一些logo不明显的包，又在爆款的基础上做出各种其他版本。

金圣珠是韩国人，MCM也自然而然地成为韩国"国包"。韩国明星对MCM的爱已然泛滥，染着各色头发、皮肤雪白的韩国男女明星背上MCM，经典的logo图案、鼓鼓的包形、结实的皮质、有些离经叛道的铆钉，一次次在韩国娱乐圈游走……MCM因此在亚洲拥有了不少粉丝，但也有不喜欢韩流的人，认为MCM是"杀马特"风格。

金圣珠十分精明，在接受采访时说MCM不是轻奢品牌，是和LV、香奈儿同等的顶级品牌。我们都知道，MCM的铆钉双肩包价格在5000元以下，当然只能和COACH、MICHAEL KORS归在一类。但金圣珠锲而不舍地咬紧LV和香奈儿，就像三星粘着苹果。她大概觉得，只要能让顾客将MCM高看一等，再辅之以亲民的价格，销量就能上去吧！

比如，MCM的双肩包上有一个铜牌，上面有序列号。品牌对外指出，只有LV和MCM这类品牌才会为每个包排一个专属序列号。MCM的店铺会想尽办法抢夺最好的位置。金圣珠2005年收购MCM，到了2009年，这个品牌已经走出泥潭，销售额达到2.5亿美元。金圣珠因为行事果敢，有了"成吉思汗"的外号。

　　MCM的走红,不得不说还占一点天时地利。金圣珠作为韩国人,与全球最大的奢侈品市场——中国紧邻,两个国家在文化上也比较接近。韩国明星在中国的影响力惊人,而当近年来中国游客井喷一般涌向韩国,MCM早已等在那里。"如果韩国不积极成为亚洲时尚的带头人,中国将占领这一位置。"金圣珠早就看出了这一趋势。

　　让顾客觉得花不多的钱也能买到大品牌,MCM凭着老套的法则慢慢走红了。当然,需要有人不知疲倦地、一遍又一遍地向全世界传递这样的信息。

中国广州有一家MICHAEL KORS代工厂,名叫"世门"

你面前有一款崭新的MICHAEL KORS单肩铆钉包,你有没有想过,它从哪里来? 有相当大的可能,它产自中国广州。

设计师兼老板Michael Kors戴着墨镜,轻轻揽着超模Miranda Kerr的纤腰,骄傲地对着镜头说:"噢,你看,我们两个都是MK呢!"Kerr圆圆的脸上绽开甜蜜的笑容,镁光灯闪耀。2004—2012年,时装设计师相互比拼的美国真人秀节目《天桥骄子》里,这位火爆的评委牵动了全球潮人的目光。从纽约到东京,再到上海,Michael Kors在时尚界与娱乐界如鱼得水。

他的品牌营造了一种梦幻般的生活,品牌精髓叫作"Jet Set"。那是在令人心驰神往的20世纪60年代,"人生赢家"清晨在纽约醒来,夜晚却在巴黎享受夜生活。他们的衣饰时髦精美、实用便捷,他们说走便能走,下一秒就搭乘飞机环游世界……他们永远闪闪发光,永远神采奕奕,飘动的衣襟仿佛镶着迷人的金边。

Jet Set的魔力从何而来? 机缘巧合,我认识了在代工厂工作多年的Jerry。"韩国世门手袋有限公司(以下简称世门)可能是MICHAEL KORS全球最大的代工公司。世门在广州的工厂环境非常优美,被布置得就像个花园。很多年前从韩国开始,他们就在为 MICHAEL KORS 代工了。"Jerry 说。世门,英文名 Simone,与 MICHAEL KORS 相比,世门太过低调和神秘,只在圈内闻名。

我设法查阅和梳理世门的中英文资料。世门于 1987 年在韩国京畿道中西部地区的仪旺市创立,1992 年开始在中国运营。2011 年,世门在广州的工厂曾发生工人抗议事件,以致 2012 年 BURBERRY 终止了与世门的代工合作。2012 年,这家公司在韩国首尔举办了一个手袋等皮具产品的展览活动,有英文媒体惊叹于展览上手袋的精美,夸张地写道:"男生们,千万不要带女朋友去看这个展。"

2013 年,*The Korea Economic Daily*(《韩国经济日报》)报道称,世门的主席朴殿宽表示,ODM(贴牌生产)无法保证世门销售额可持续增长,公司正在通过旗下的世门投资在海外进行品牌收购。世门选择在广州开设在中国的第一家工厂,后来又在青岛开了一家。世门的合作伙伴包括当下全球当红的轻奢品牌,其中包括 MICHAEL KORS、COACH,有时还有 BURBERRY、kate spade (凯特·丝蓓)、TORY BURCH(汤丽柏琦)等,世门在皮具这一行的技术水平非常高超。

世门与 MICHAEL KORS 已经互为对方最重要的合作伙伴。Jerry 说,多年前 MICHAEL KORS 首次将公司雇佣的员工派到广州,打理广东多家代工厂相关事务时,MICHAEL KORS 的人就直接在世门的工厂上下班。今天,MICHAEL KORS 许多手袋产品的设计开发都是放在世门的韩国总部操作的,而从设计完成到生产出产品这一过程,世门的广州工厂能够包办。

近年来,欧洲老牌奢侈品接连经历了金融危机等波折,不同程度地出现过市场业绩的滑坡,而以MICHAEL KORS为代表的轻奢品牌却因价格相对亲民、设计新颖多变而迅速蹿红。既要便宜,又要变化多端、赶上潮流,按照老办法是做不到的。欧洲的作坊式生产不仅速度慢、产量低,工会还非常难缠,品牌不仅要给工匠们高昂的薪资,还要提供每年长时间休假等不菲的福利。

一个意大利奢侈男装品牌开给成熟裁缝的年薪,相当于75万元。2013年,爱马仕宣布将在法国投建一家600多人的工厂,这在欧洲是一家"相当大的工厂"。爱马仕也不忘对外强调自己为法国创造了如此大量的就业机会——而其实世门在中国的工厂员工多达数千人。

轻奢品牌们从不自找麻烦,它们毫不犹豫地将目光投向了中国广东。MICHAEL KORS、COACH、kate spade、TORY BURCH已经是广州、东莞等城市多年的老朋友了,它们的订单在世门、时代皮具、励泰这些老牌代工厂之间分配。每家分到的品牌订单时不时会有一些波动,但品牌通常会雨露均沾,刻意避免订单过于集中在某一家代工厂的情况发生。

2011年,时代皮具的招股说明书披露,PRADA、COACH委托时代皮具生产已经有十几年的历史。对于PRADA来说,这是中国代工厂首次浮出水面;但对于COACH来说,这有什么大不了?COACH向来对代工的事坦坦荡荡,它们不仅明确承认在中国有代工厂,还在几年前就宣称,中国已经太贵,要搬到东南亚国家去。

和COACH相似,作为上市公司的MICHAEL KORS毫不遮掩地将自己庞大复杂的代工链公之于众,提醒投资人由此可能带来的五花八门的风险。今天,任何人都可以下载Capri集团的财报，我们从中不难读到这样的信息：MICHAEL KORS的代工环节有两个主要的角色——分包商和代工厂。分包商拿着MICHAEL KORS的订单在全球范围内寻找代工厂，将订单在代工厂之间分配，就像课代表给班上的同学分发作业本一样，分配依据的是代工厂的价格、生产水平、能力，以及未来产能空间。而品牌则从分包商手里购买代工厂生产出来的产品。

满世界的代工厂都是由分包商出面管理的，分包商的任务显得十分繁重。他们要监管各个生产环节，如果零配件要单独生产，或者需要先做出半成品再到其他工厂装饰成型，都需要分包商来协调处理。分包商还要操心产品的运输，对成本、价格要想尽办法控制。

MICHAEL KORS年报写道："代工厂和分包商在我们的全球制造部门及位于北美、欧洲和亚洲的采购代理商总部的密切监管之下。我们和我们最大的分包商合作已经有10年了，其主要的生意在中国香港，分包了我们12.6%的成品销售。我们最大的代工厂位于中国内地，2015年为我们生产了30.4%的成品。"这生产了30.4%成品的中国代工厂，指的是广州世门吗？

MICHAEL KORS还透露，公司和任何一家代工厂之间都没有签署任何协议，所有的关系都是由担当中介角色的分包商代为打理的。2013—2014财年，平均每个分包商负责12.6%～14.0%的产品生产。2014财年，以美元计算，MICHAEL KORS大约97.8%的产品是在亚洲和欧洲生产的。分散的代工厂对长距离运输提出了很高的要求，这会给整个产业链带来一定的风险。

对原产地的态度，或许是"新奢"和"老奢"在基因上的区别之一。在爱马仕、LV、PRADA创立的19世纪和20世纪初,欧洲人想不出,除了作坊之外,还能在哪里制作皮具,大规模工业化生产远远没有波及这个封闭的行业。而等到COACH创立的1941年、MICHAEL KORS创立的1981年,世界已经变成了平的,亚洲多个国家以极低的价格和充足的劳动力满足了大规模工业化生产的需求。

美国是一个效率至上、把什么都商业化到极致的国家,轻奢品牌在诞生之初就面临着一个并不困难的选择:是在美国这样一个低端制造业几乎完全退出的国家花大价钱生产,还是奔向专业、高效、低价的中国? 纯美国血统的COACH和MICHAEL KORS本能般地把能外包的都外包了,让专业的企业负责专业的环节,是正常的美国逻辑。

Jerry说,广东的一家代工厂曾经收到过一个轻奢品牌从美国发来的、有些刁钻的设计。代工厂的技术部门研究了一番之后,认为机器很难大规模生产这样的设计,便火速告诉设计师,对方于是痛快地改了个"好做"的设计。每个月都出新设计,这让风格、喜好、资历各异的设计师们压力很大。他们有时会出昏招,不成功的设计在推出后的一个月内如果没有被快速卖掉,就会打折,送进outlets——品牌要尽量减少积压。这就是为什么outlets里面总有大量的MICHAEL KORS和COACH。

山的那一边,老牌奢侈品牌对这群"轻奢野蛮人"无奈又烦躁。有的怒气冲冲地扬言绝对不会离开原产地,坚持以Made in Italy(意大利制造)为卖点。有的却改变了主意。BURBERRY和PRADA是较早开始尝试代工的欧洲品牌,PRADA最初委托中国代工的是比较平价、技术含量低的产品，如T恤等，但到了今天，已经有大量的皮具被放在中国生产。

Jerry说，将"中国制造"打上粗糙、质量低下的标签，是极不公正的。"比较品质，必须在同等价格的前提下。把给中国的订单压到一元钱，怎么能期望产品有10元钱的品质？如果品牌愿意给中国100元的订单，中国工匠已经可以做得比欧洲国家的人更好。""Made in China"究竟做到什么水平，取决于品牌方的策略：是要"跑量"，还是"精益求精"。

由于中国人力便宜，中国代工厂出产的皮具手袋都是100%人工全检，而欧洲国家的工厂实在雇不起那么多检验人手，只能抽检。现如今，每年国际市场上送修的皮具产品很多都产自欧洲国家，中国产的反而比较少。时代皮具、励泰等早年在香港起家，做皮具有长达40年的历史。他们在香港制造业退出后来到广东，技术、经验都积累了下来。现如今时代皮具已经上市，并开始收购自有品牌。

然而眼下，东莞的代工厂正在面临与香港制造业当年面临的类似的问题。"5年前代工厂一个工人月薪800元，现在月薪3000元。"Jerry说，东莞代工厂面临着工人工资福利暴涨等多重压力。上述所有有实力的代工企业都开始在东南亚设厂，世门在印度尼西亚、越南都有了新的工厂。品牌有时会给代工厂压力——如果你不积极进军成本更低的东南亚国家，就得逐渐减少你的订单量。

轻奢品牌的低价、新潮不是凭空而来的，消费者享受了这些好处，就理应接受它们委托代工厂进行机器生产等一系列不够理想的安排。如果你想要手工的品质，不希望你拿到的设计是为了方便机器生产而修改过的,你就得出高价买手工作坊产品。轻奢的代工模式无可厚非,为消费者提供了一种选择。轻奢品牌舞动的是一把双刃剑。

2014年,当时我曾发邮件向MICHAEL KORS提出问题,但没有收到回复。时间又过去了几年,COACH和MICHAEL KORS走了不同的路,处境不好不坏。这两个品牌的母公司在2018年分别收购了kate spade和JIMMY CHOO,它们仍然有成为集团霸主的野心。

I.T沈嘉伟：从代购水客到潮店国王

娶了全香港男人的梦中情人邱淑贞，给父母姐弟买豪宅，拥有需要用一个停车场才能放下的豪车，这个实现"香港梦"的大富豪，是I.T集团（以下简称I.T）的老板沈嘉伟。他在香港公屋长大，学业止步于中学。2019年，他的大女儿沈月参加了名媛舞会，他的家族仅用一代人就实现了从平民阶层到上流社会的逆袭。

1988年，银行小职员沈嘉伟在香港铜锣湾开了一家小小的服装店，起名 Green Peace（绿色和平）。那时候的香港，对时尚业来说是个不太成熟的市场，有些商品和伦敦、巴黎之间存在不小的价差。当时的伦敦、巴黎，Dr. Martens（马汀博士）马丁靴正当红，深受朋克、光头党们的喜爱。香港的年轻人也疯狂追捧 Dr. Martens，一双 Dr. Martens 在伦敦的价格相当于100多港元，可在香港却要卖四五百港元。Levi's（李维斯）①501牛仔裤也是价差巨大、非常走俏的商品。嗅觉灵敏的沈嘉伟果断抓住了这个机会，他跑去结识了不少空姐，托她们带货来香港，再贩卖这些货，一转手，就是数倍于成本的利润，就这样大赚了一笔。

如果沈嘉伟就此止步，那和当时香港不计其数的水客也就没

---

① 著名的牛仔裤品牌，由犹太商人 Levi Strauss（李维·斯特劳斯）创立。

有多少分别了。他马不停蹄地利用姐姐在银行工作、熟悉借贷运作的优势,不断投资他的 Green Peace,不断开分店,同时还争取欧美时尚品牌的代理权,生意越做越大。

1997年,沈嘉伟遇到了一点麻烦。他的 Green Peace 被绿色和平组织打假,因而不得不更名为 I.T,意思为 Income Team——赚钱团队。很快金融风暴来袭,市况萧条,沈嘉伟却反其道行之。当时的 I.T 一边紧锣密鼓地引进时装品牌,一边在香港的沙田、屯门等冷门地区开店。2000年,他在铜锣湾一口气开了10家店,霸占百德新街。扎堆的 I.T 店铺,统一的形象风格,在闹市组成了吸引眼球的实体广告。

30岁出头,沈嘉伟就展现出了精明的商业天分。他绝非小富即安,而是敢于投资和扩张,懂得向价值链上游攀登。做水客小贩赚到钱之后,他去争取品牌官方代理权;一家店铺火了之后,敢于冒风险开办更多店铺;又没过多久,他开始琢磨起自有品牌。

1999年,沈嘉伟迎娶了正当红的邱淑贞。据说邱淑贞时尚品位独到,眼光好,老板娘亲自做买手在欧洲挑的货都能大卖。而沈嘉伟作为邱淑贞老公,个人的知名度扩张到街头巷尾,I.T 跟着获得了不少免费曝光。此外,他更打开了娱乐圈的人脉。让我们来看看,明星们是怎样帮助 I.T 提高知名度的。

1998年,沈嘉伟找到香港男演员李灿森,让他代言和设计一个新的潮牌——5cm。李灿森形象气质独特,不落俗套,5cm 作为 I.T 的自有品牌,深受追求个性的年轻潮人喜爱。2002年,因为邱淑贞的人脉,沈嘉伟又邀请从无服装设计经验的张曼玉担任设计师,推出自有品牌 izzue,一时大热。沈嘉伟说,早在请空姐代购的年月,他自己就喜欢满城搜罗潮物,但常常找不到满足自己期望的好东西。于是不如自己做,从一个系列,到一个品牌。

沈嘉伟没有明说的真相是,一个有野心的商人,怎会满足于简单贩卖的角色? 品牌握在人家手里,就算是代理,合同总有期限。做好了,人家想拿回来自己做;做得不好,又要怪你经营不善。就算你店铺多、渠道好,你也不能按自己的心意左右一个品牌。20世纪后期,不少中国香港商人都想方设法拥有自己的品牌——富商潘迪生1987年收购了法国品牌S.T. Dupont(都彭)[1],邓永锵1994年创立了上海滩(Shanghai Tang)[2]——只要有了一定实力,就不想再受制于人。

I.T一步步扩张的同时,国际时尚品牌也一窝蜂地涌入中国香港,I.T是怎样站稳的? 沈嘉伟曾这样自我剖析:I.T提供的是多元化的选择。老派的香港富人可能喜欢经久耐用的奢侈品牌,但也有人不需要一件衣服穿十几年,而更喜欢不停翻花样,服饰就不需要那么结实耐用。既要奢侈品,也要快时尚,相互搭配,不断更换口味——在I.T的店里,人们既能买到大品牌,也能买到平价小众的潮物。

今天,I.T集团旗下潮店分为大I.T和小i.t。大I.T里的品牌更贵、更具知名度,比如 BALENCIAGA、CELINE、Alexander McQUEEN(亚历山大·麦昆)、KENZO(凯卓)等,适合年龄略长的

---

[1]由Simon Tissot-Dupont(西蒙·蒂索-都彭)于1872年创立的法国名牌,涉足男士服装及配饰、皮具、打火机、书写工具等众多品类。
[2]创建于1994年,它最有名的是改良式现代旗袍、唐装、马褂,为20世纪的东方风情添上现代元素。

顾客；小i.t更平价、更潮，适合少男少女，5cm和izzue都在小i.t里面。"在香港非常受青少年的追捧，已占据本土时装界重要位置，以cheap & chic(平价又时髦)广受好评。"香港媒体是这样写小i.t的。

你在I.T店里看到的各类品牌，来源或许并不相同。有的是I.T的买手在世界各地搜罗到，买下来，再放在店里转卖给你的；有的品牌I.T有参股；还有的品牌和I.T成立了合资公司，I.T也是品牌的半个主人。

沈嘉伟就这样忙忙碌碌，进行各种合作，把店铺开遍了小小的香港。北上内地，就更是值得沈嘉伟高度重视的一件大事了。2002年9月，I.T在上海开出旗舰店，这是I.T在香港之外的第一家店。中国台湾、中国澳门、日本，都逐渐有了I.T的足迹。

2005年3月4日，I.T在香港上市了，那个做代购起家的小贩正式成为一家上市公司的主席，沈嘉伟个人账面财富当时就达到了10亿港元。到2015年，I.T在内地拥有300多家店铺。据I.T盘点，I.T店里销售的国际设计师品牌达到300个，还有10个自创和特许经营品牌。

凭借对机会的精准把握、从不停歇的进取精神，I.T在香港大获成功，但内地市场的复杂局面可能超出了沈嘉伟的想象。要继续保持生意兴隆，不重视内地是不可能的了。早在2007年，I.T就和买手百货的祖师爷——巴黎老佛爷百货商店有了来往，双方都对内地市场充满热情。2013年，双方合资在北京金融街开出了北京老佛爷百货商店。

然而，不论是老佛爷、尼曼玛戈(Neiman Marcus)还是连卡佛，这些曾经人气爆棚的买手百货，在北京、上海等地都惨遭滑铁卢，它们进入、退出、回归、亏损……始终没能引爆市场。对老佛爷百货商店来说，因为和I.T这家香港上市公司合资，它不得不公布一些财务数据，于是外界得以定期窥见它尴尬的处境。

相形之下，I.T在内地的表现，足以让这些前辈们学习。有评论指出：I.T店铺面积相对较小，可以开在人气旺盛的购物中心内部；商品价位更低，因而更适应内地市场。I.T已经不会再等老佛爷等百货商店了，公司明确表示，要坚决北上，而且要特别重视二线城市。2014年，I.T还在江苏买下一块地，专门用来做物流和仓储，可见是打算在内地长久地经营下去的。

要在内地这个陌生又复杂的市场保持成功，有太多的问题需要研究。实体店的扩张与电子商务，孰轻孰重？二线城市和一线城市有什么不同？全球的竞争对手都到中国来了，究竟谁会胜出？拥有巨大的财富，到了50岁的年纪，沈嘉伟仍然需要像年轻人那样奔跑。出身贫寒的他和家人感情很好，姐弟都在公司担任重要职位。熟识他的茶餐厅老板说，年轻时沈嘉伟常常和弟弟在茶餐厅合吃一份猪扒饭，颇有《一碗阳春面》①中母子三人表现出的那般的坚毅隐忍。发家后一次故地重游，兄弟俩各点了一整份。

这或许就是"香港梦"的一个缩影吧。

---

① 《一碗阳春面》讲述了二战后生活困苦的母子三人坚强拼搏，还清负债，改变命运的故事。

规则与潜规则

Part Ⅲ

幕　后

明星先上封面，到了杂志举办年度颁奖礼、慈善晚宴等活动的时候，再盛装出席，以此作为对上封面的回报。

一条街开4家LV①，东北奢侈品市场这10年

　　1991年，香港商人潘迪生结束了和女明星杨紫琼三年的婚姻。两年后，他在深圳开了一家高档商场——西武百货。他酷爱精品好物，人送外号"名牌潘"。2007年，潘迪生把西武百货开到了沈阳，"在西武百货上班"成为沈阳女孩的一种荣耀。潘迪生可能是最早意识到东北消费潜力的奢侈品玩家，也正是这家西武百货，开启了东北奢侈品市场最近10年的繁荣。

　　2018年4月底的一个晚上，沈阳暴热。出租车在机场高速上狂奔，周围黑漆漆、雾蒙蒙的，粗砺的沙尘吹进车厢，司机说是路边农田在烧秸秆。"刘老根大舞台每晚都演，一张票330元，你还不一定抢得到，"司机说，"但实际上，沈阳的经济很差。"

　　近年来国内各省GDP统计数据出炉时，东北三省的排位总是靠后，免不了被指点一番。2016年沈阳GDP名义增速为-25%，大连为-13%。提起"振兴东北"，东北人有些尴尬。

　　硬币的另一面，东北是中国奢侈品销售重镇，特别是钟表、珠宝、汽车等硬奢品。这片土地自古肥沃，民间不乏出手阔绰的超级富豪，不管GDP数据是否寒酸，这里从来不缺奢侈品的大买家。

①沈阳曾有四家LV门店，一家在西武百货，两家在卓展购物中心（其中一家是面积较小的男士精品馆），一家在万象城。2014年西武百货关闭后，沈阳仅有三家LV门店。

"大金链子小金表，一天三顿小烧烤。"金饰是东北人迷恋的入门级奢侈品。东北人幽默，对生活热忱，在显摆中获得乐趣……你也许也听说过东北大哥名店扫货的传说，和这个行业的销售、高管们来往，有时会听到他们小声交谈——"东北客人的航班晚上到，绝不能出一点差错。"

我就是因为这样才决定去沈阳的，我想知道，奢侈品在东北是不是真的好卖？这些买家的财富又来自哪里？这里究竟是传说中的豪客云集之地，还是在统计数据中迷失的"共和国长子"？

沈阳是东北人的麦加，东三省人民都爱沈阳。在黑龙江、吉林做小买卖的人会告诉你，货是"搁沈阳进的"。"只要和沈阳有关，品质就差不了"，这种观念在东北可能有上百年的历史了。

沈阳市中心青年街一带，五星级酒店有六七家，更新潮的 W 酒店也在计划之中。但这里也到处是工地、杂货铺、串儿摊、老式牌匾，孩子和狗在路中央玩儿，时间过得慢。出入五星级酒店的东北大哥就是传说中的样子：紧绷绷的黑色或白色 T 恤、Polo 衫，胸前是大幅字母图案；小腹微腆；黑色皮腰带，皮带扣是闪闪发亮的大写字母；大嗓门、口音重；人人都戴表。

沈阳有东北最大的爱马仕旗舰店，研究东北有钱人，不妨从这里入手。早上 10 点万象城刚开门，一对 50 多岁的夫妇便在店里挑选。丈夫穿着不起眼的深蓝西装，皮带扣是大写字母 H。妻子把头发随意扎成一团，身着皱皱的 T 恤和运动裤，像刚进完货的杂货铺老板娘。他们试遍了爱马仕的皮具、衣服和鞋，不断挑出想要的东西。

"穿戴不起眼却出手惊人，这样的客人很多。"一家奢侈皮具品牌的内部人士这样说。沈阳有一位爱马仕粉丝在富人圈小有名气，这位看起来40多岁的女士拥有马场，她从爱马仕买全套马具，约朋友"上家里"骑马。她曾在品牌活动上现场拍板买昂贵皮草，拥有的奢侈品数不清。曾有销售拜托这位大姐帮忙"冲当月的业绩"，她立刻豪掷十几万元。人们只知道她手握各种产业，还有顶级人脉。

有沈阳爱马仕的销售曾经在上海工作过，他说：东北人块头大，喜欢穿得宽松，而上海人总在赶时间，穿衣服要修身，所以东北爱马仕店里的尺码明显比上海大；东北人爱大手袋，上海人喜欢小包包；东北人喜欢亮色、鲜艳的衣服，上海人总买冷色调。"就像买车，东北人喜欢买大个儿的陆虎，很少买MINI、Smart，"该销售说，"不过这几年，也有老客人专门找那些logo不明显的东西。"

沈阳的两条地铁线①，在这座城市画了个十字，纵向的2号线串起了城里几个地标，从北向南分别是：市府广场、青年公园，以及在足球迷中大名鼎鼎的沈阳五里河体育场。几大顶级购物中心也在此扎堆，除了万象城，还有两座恒隆广场、一座卓展购物中心。香格里拉大酒店和君悦酒店也很近。不论生活在东三省的哪个角落，富豪们最多只要花三小时就能到达沈阳，在青年街，吃喝玩乐、购物、下榻都是顶级的水准。

奢侈品牌们早就发现了这一点，目前沈阳有一家爱马仕、一家香奈儿、三家LV的店铺，宇宙大牌用"开店"为沈阳投上了一票。

东北奢侈品市场是从什么时候萌芽的？

---

①本文成文为2018年，沈阳第三条地铁线路已于2019年开通。

20世纪90年代,东北老工业基地经历下岗潮。电影《钢的琴》讲述的就是发生在那一段酸楚迷茫的日子里的故事,秦海璐和王千源的表演把很多东北人看哭了。对今天的80后、90后来说,"沈阳铁西区"这个当年经历过震荡和伤痛的地方,更像是北京的798,如今只有文艺,不再苦涩。当地人说,铁西现在"老好了,都是新楼"。铁西阵痛没过几年,LV就悄悄进沈阳了,当时找不到满意的商场,LV就开在五星级酒店里。

香港商人潘迪生的沈阳西武百货2007年开幕时,LV店也出现在一楼。从深圳开到沈阳,西武百货等了14年,这也成了两座城市经济发展的小小缩影。下岗潮逐渐远去,之后的十几年,东北五花八门的商业形态都有所发展,企业的所有制经历了混乱,慢慢褪去公有色彩。富人开始出现,他们飞快地学会了追大牌。

钱是怎么来的?

东北天然的矿产资源丰富,石油、煤和铁都有。这些煤矿、铁矿有的还是国有,有些早已被私人承包,不论哪一种路径,都造就了一批东北老板,其财力不逊色于山西煤老板。"20世纪90年代,我父母月工资才几百块。同学爸爸把国企废弃的煤矿包下来采煤,没多久就买了辆奥迪。"一位在上海工作的东北80后回忆道,在他那被下岗重创的家乡小城里,也有超级富豪,早早过上了被奢侈品环绕的生活。"东北自古富饶,自然资源非常丰富,大庆的油田、鹤岗和鸡西的煤矿、鞍山的煤矿和铁矿,学过中学地理的人都知道。"

除了地下的资源,东北的长白山脉也有无穷无尽的宝藏。很多实力雄厚的制药企业依靠着森林里的药材发家。吉林通化盛产葡萄酒,适宜的纬度、湿度、气候条件是天赐的财富。辽宁盘锦盛产大米,品质也无须赘述。还有和其他地区相似的造富魔法——动迁、房地产,以及相关的钢铁建材等行业。此外还有大连的沿海贸易,哈尔滨的边境贸易。随着改革开放的深入,民营经济也有发展,在东北不乏成功的企业家。

"21世纪初,听身边朋友说奢侈品生意特别火,"一家瑞士名表品牌沈阳旗舰店的经理说,"没想到2012年我正式进入这个行业的时候,遇到反腐。"

2003年国务院第一次提出"振兴东北",2016年再提"全面振兴东北"。2003年东三省GDP总量约为1.27万亿元,人均2000美元以下;到了2015年,东三省GDP总量达到5.8万亿元,人均8000美元。这10年,东北经济有了巨大的增长,不过也有观点指出,政府和企业对东北的大幅投资是首要因素,民营经济发展得远远不够。2016年,中国民营企业500强之中,浙江有134家,广东50家,而辽宁7家,吉林只有修正药业集团一家,黑龙江也只有东方集团有限公司一家。少数人的极度富有和经济的困难重重同时存在于东北。

哪里的富人群体在崛起,奢侈品牌自然就要去哪里收割红利。

2007年LV在沈阳开了第一家店,2011年沈阳万象城开张了。从无到有,只用了四年,沈阳竟出现"一条街四家LV店"的盛况,在全国绝无仅有。这座城市仿佛瞬间成为奢侈品牌的兵家必争之地。

东北人对穿戴的偏好也得到了时尚圈的关注。电影《缝纫机乐队》里,东北人大鹏穿着胸前印有"BOSS"字样的HUGO BOSS

牌T恤。剧中富二代大长脸戴着大金链子,裹着貂皮大衣,试图吸引古力娜扎扮演的美少女丁建国。

一位来自大连的奢侈品销售说,东北人特别喜欢DOLCE & GABBANA(杜嘉班纳),可能因为这个意大利品牌的缩写是"DG"。东北男人认为这两个字母代表"大哥",胸前印着这两个字母,皮带扣上也是金灿灿的"DG",不怒自威。另一方面,DOLCE & GABBANA的设计富丽堂皇,常用色彩是代表喜庆、富有的大红和金色,这也是DOLCE & GABBANA深受东北人喜爱的原因。东北人热爱的另一个品牌是KENZO,纯色、大印花的T恤和衬衫深得人心,老虎头的图案更是威风凛凛——东北男人喜欢霸气的感觉。

上文提到过的奢侈皮具品牌内部人士说:"东北人喜欢大品牌,特别是大牌的爆款。STUART WEITZMAN(思缇韦曼)①的靴子、GUCCI的字母T恤,他们恨不得同时穿四五件爆款出来。他们不太愿意听品牌历史、工艺,只想知道这个牌子够不够大、够不够响。"

2012年之前,奢侈品牌在东北获得了积极的市场反馈,它们投资开店,和东北的客人建立感情。最先成为沈阳奢侈品地标的不是西武百货,而是东北本地的一家商场卓展购物中心,这里集齐了LV和GUCCI等大牌。今天的卓展购物中心已经被万象城抢走了风头。一楼LV店铺还在,在中庭的男装区,紫色鸡冠头、身着刺绣夹克的东北潮叔逛得入迷。

①美国奢侈鞋履品牌,和轻奢品牌COACH隶属于同一个集团Tapestry。

变化也在发生。"那些年,不断有新的奢侈品牌进入东北,而东北顾客的要求越来越高。"沈阳一位奢侈品销售回忆说。

2012年市场氛围的变化令整个行业措手不及。LV在全国调整策略,2014年,东北第一家LV店铺被关掉了。贝恩公司发布的2015年度《中国奢侈品市场研究报告》中重点提了沈阳。当年全国奢侈品市场规模同比下跌2%。报告称:"有些城市商务馈赠情况较多,受影响大,比如沈阳,商场数量供过于求,导致商场对客流量的竞争加剧,迫使品牌重新考虑地区分布。"

2012年之后,奢侈品牌猛抓"自用需求"。

靠投资拉动的东北经济让奢侈品从业者心里没底。在整个东三省民营经济发展得最好的大连,一位经销商告诉我们,这几年,轻奢和快时尚品牌在大连快速蹿红,COACH、MCM的手袋受到欢迎,两三千价位的产品在大连很好卖。之前大连不少姑娘爱去胜利广场买便宜的山寨包、杂牌包,现在很少有人去了。刚毕业的年轻女孩,好歹也买个COACH去上班。

东三省存在地区差异,在沿海、有边贸、民营经济活跃的城市,开始有一些薪水不错的年轻人买轻奢品给自己。其实东北奢侈品市场,最缺的就是这一部分消费者。

"东北贫富差距挺大的,靠贷款买房的家庭很多,买一块表就要上百万的富豪也有,不比南方少。"一家奢侈品公司在东北的高管认为,东北缺少"北上广深"那群做金融、互联网的家庭年收入上百万的中产阶层。上述高管所在的公司在东北扎根很深,与当地很多超级富豪相熟,了解客人的喜好,甚至和他们的家人保持了多年的良好关系。

东北富人的品位也在变化:富一代买表有一二十年了,他们追大牌,也要个性。很多人拥有不止一块江诗丹顿(VACHERON CONSTANTIN),更高阶的则开始追求定制款,如享受江诗丹顿的阁楼工匠定制服务。现在他们也开始研究 PARMIGIANI、ROGER DUBUIS(罗杰杜彼)这些比较有个性的小众高级表。

另一个故事就有点尴尬了。沈阳有位收藏家,他讲义气、待人慷慨,把价值数万的手表随手送给朋友对他来说并不是新鲜事。偏偏有一家表店新来的销售人员没认出他,不够殷勤地告诉他"购买某款限量表需要排队"。客人拂袖而去,没过多久该店经理慌忙打电话去道歉。

"客人高兴,买表和买袜子一样爽快。一旦被得罪了,翻脸也是瞬间的事。所以接待大客人是如履薄冰的。"一位销售说。在东北,买表往往是个看交情又有些冲动的决定,客人们不太会像南方客人那样喜欢深思熟虑。

沈阳一家顶尖的钟表公司每年都要精心安排 VIP 活动。每次会有上百位拥有不菲消费记录的贵宾收到邀请,活动往往长达三天,在沈阳最好的五星级酒店里举办,每名销售陪伴两三位客人看表。很多难得一见的珍贵手表被精心摆放在展柜中。翻糖蛋糕、花朵、糖果,一派惬意的享乐氛围。漂亮的中外模特摆出各种造型,还有穿着苏格兰民族服装的乐师。

客人一旦答应参加活动,通常都有买表的打算,对他们来说,这也是一个大饱眼福的机会。活动一天的总销售额可能达到上千万元。品牌会举办晚宴,有人会将之视为建立人脉的机会,也有人性格低调,晚宴之前就拿着爱表离开了。

对奢侈品牌来说,东北究竟是不是个值得关注的市场?

是的。从全国角度看,中国奢侈品市场销售额持续增长,连续多年增速全球领先。聚焦东北,一位奢侈品东北公司高管说:"东北人要面子,在乎自己在别人心目中的地位。"自己要穿戴得上档次,还要出手阔绰地给亲朋好友送礼物,这是东北人性格的一部分,比起广东人、上海人,东北人很少掩饰对奢侈品的迷恋。

东北人喜欢成为聚会上的明星,他们喜欢买一些特别的表,在饭桌上制造话题。富裕家庭结婚时,婆婆要给儿媳妇挑一些撑场面的大品牌珠宝,首选卡地亚、宝格丽。东北还是那个东北,而东北人在慢慢改变。年轻一代成长起来,他们也喜欢嘻哈与街头,东北口音的"社会"气质与源于美国黑人群体的街头风格搭在一起竟莫名和谐。

东北人对奢侈品的喜好也在发生变化:过去东北大哥对小肚腩没什么意见,甚至认为那是派头的一部分;但今天富裕家庭留学回来的孩子却不这么看。年轻人也不再对貂皮大衣有什么情结,他们穿MONCLER(盟可睐)和CANADA GOOSE(加拿大鹅)。

10年前,东北女士爱LV、GUCCI,现在恒隆广场里的女孩挎的包多是BOTTEGA VENETA(葆蝶家)和香奈儿。奢侈品在全球的整体表现在东北也得到了印证,有钟表销售跳槽去了在市场上很活跃的HUBLOT(宇舶),每月开单量可观。在PRADA上班的销售去了这几年大热的GUCCI,收入也有了不小的增长。

在沈阳的街头,你能看到外卖小哥穿行其中,本地的家装网站打出各种略显粗糙的户外广告。专车司机仍然感慨,东北的经济发展水平低、观念落伍。但这也恰恰证明东北是一个潜力十足的市场,就像20世纪80年代,跨国公司在中国看到的是遍地黄金一样。

　　东北对重工业、国有企业的依赖在不断减弱,互联网、物流等新兴行业不断造就新的富裕阶层。如果东北可以迎来民营经济的繁荣,沈阳在奢侈品版图上会更加重要。

古都西安，奢侈品"造富"20年

从西安咸阳国际机场进城，这一路开了一个多小时，司机抱怨4月是西安旅游淡季，拉不上多少活儿。话风一转，司机老家在城乡接合部，早几年他用被拆迁的老房子换了好几套新房，生活没什么可愁的。城里工地挨着工地，空气灰蒙蒙的，西安正忙着编织地铁网络。外地人网上笑问：工程队是不是隔三岔五就能挖出文物来？有这种"梗"，意味着西安在社交媒体时代是性感的。

谁能想到这十三朝古都，在2018年竟跃升为国内数一数二的奢侈品战略核心城市。一个体面的奢侈品大牌，如果过去几个月里还没有"西安店盛大开业"的新闻，中国区老板的日子可能就不太好过了。LV、爱马仕和香奈儿都来了，大大小小的明星时不时地在西安现身，粉丝的尖叫让人不得不重新审视西北，这片低调了太久的土地。

"路盲在西安也丢不了，十三朝古都延续下来的城市格局，方方正正。"谭野，土生土长的西安人，在奢侈品行业浸淫了10多年。他说西安千百年来风调雨顺，百姓安于现状，很少有人愿意像温州人那样风餐露宿闯江湖。"有的西安人拿一瓶矿泉水就能在商场里晃悠一整天。"

晨钟暮鼓，钟楼和鼓楼是西安城市的核心，外地游客在这里扎堆,他们来摸古城墙,去回民街吃泡馍、凉皮和羊肉串。古城墙像一个"口"字,框住了钟楼和鼓楼。城墙共有城门18座,其中南门又叫永宁门。

永宁门一带是西安奢侈品零售的核心,方圆一公里之内就有多家顶级商场,世纪金花(珠江时代店)、中大国际(南大街店)、王府井百货和西安SKP。这是西安的陆家嘴和中环,是整个大西北富人悄悄前来朝圣的奢侈品天堂,这里象征着财富、阶层与品位,闪烁着煤炭黑金的光芒。

2018年5月,全球奢侈品业界颇具影响力的几位大人物一起跑到了西安:PRADA的CEO Patrizio Bertelli来了;振兴DIOR的功勋老臣、LVMH集团时尚主席兼CEO Sidney Toledano(悉尼·托勒达诺)也来了;韩国女企业家、MCM的主人金圣珠,大谈自己与中国妙不可言的缘分。这是在美国媒体《女装日报》和正式开业的西安SKP联合举办的论坛上。北京SKP的年销售额在全球仅次于伦敦哈罗德百货,而SKP迈出京城的第一站就选在了西安。西安果然没有让SKP失望,开业的日子里,四面八方涌来的客人不得不排起队,分批入场。

差不多一年之后的4月,会员日营销刺激下的西安SKP弥漫着消费的狂喜。西北汉子穿着紧绷的印花T恤,提着爱马仕的橙色纸袋,目光在GUCCI、DOLCE & GABBANA店铺停留。阿姨太太们喜欢鲜亮的色彩和繁复的穿搭,逛街爱结伴儿。年轻人和其他城市的一样,棒球帽、卫衣、老爹鞋、叮叮当当的潮牌配饰。化妆品区人声鼎沸,人们坐在专柜里讨论眉笔的用法。彩妆品牌M·A·C(魅可)专柜播放着代言人雎晓雯的广告,这位维密超模就是西安姑娘,但她的"高级脸"在西安并非主流,更让西安人骄傲的是演员张嘉译和闫妮。

在过去漫长的岁月里,西安是一个相对封闭的地方,西安人不爱去外地,国际交流主要依靠西安众多高校来推动。重工业、军工企业和科研机构众多,是西安在新中国成立后逐渐被打上的标签。如果说城市有性别,西安肯定是个男人。

麦洁出生于西安附近的一座城市,在她的记忆里,西安姑娘喜欢穿"提精神"的鲜艳衣服,化起妆来比江南女孩更浓烈。西安很晚才受到时尚启蒙。20世纪末,西安人一度因为麦当劳迟迟不来开店而心理失衡。等到第一家店开幕,店铺被挂上红底白字的大横幅,人们从四里八乡赶来看热闹。这是西安人对舶来品强烈的好奇心。

1998年,世纪金花(珠江时代店)和中大国际(南大街店)两座顶尖商场开幕,宣告西安与奢侈品牌正式开始交往。在中国富有的二线城市,世纪之交最先成为奢侈品地标的往往是本地的商场,老板们从小浸泡在本地的名流圈子里,和富人群体熟稔。杭州的杭州大厦、南京的金鹰国际购物中心、沈阳的卓展购物中心,差不多都是这样的角色。而在西安,绕不开的就是世纪金花。

世纪金花(珠江时代店)在大西北首屈一指,早早构建起豪华的品牌阵容,Ermenegildo Zegna(杰尼亚)、GUCCI,还有在北方特别走俏的DOLCE & GABBANA都在这里落脚。差不多同时起步的中大国际(南大街店)一度震撼全城,曾经的正门入口处,一左一右是LV和PRADA两家大店,这在多年前的西北是现象级的。

两座商场后来都遭遇了大牌撤出的重创,然而在21世纪之初，它们是西安乃至整个西北五省的超级富豪俱乐部。每个品牌手里都握有神秘的VIP名单，年消费上百万的客人不在少数。这些富人们开口就是"中大""金花"，认为只有在这里才能找到他们想要的气派和体面。

"在西安做生意，奢侈品是刚需。出去见人不拿个好包、戴块好表，自己都没底气，别人也不会高看你一等。"老杨摇晃着装有普洱茶的茶壶说。他是地道的西安人，早年做和奢侈品有关的生意，如今做广告营销公司，这几年挺火。

七八年前老杨把不少奢侈品卖给了陕北煤老板们。陕西榆林有闻名全国的煤矿，下属的神木县更是超级富豪扎堆，被称为"陕北科威特"。老杨当年的销售是沙龙式的，在五星级酒店里捧出不同成色、大小的钻石，受邀出现的客人们买起来很爽快，老头老太太也大手笔下单。令他吃惊的是，在一次保健品专场开幕的第一天，就有个煤老板刷掉了大几十万元。"煤老板火的时候，一天入账100万元轻轻松松，买起来痛快，说白了真叫钱多到没处花。"老杨语带怀念。

山西煤老板全国闻名，陕北煤老板也走出了与之相似的轨迹。20世纪晚期，陕北大大小小、半死不活的煤矿被一些个体户承包，那时煤价低，采矿根本不赚钱。然而从20世纪90年代后期开始，煤价曾经在3年时间里，从每吨60元暴涨至每吨500元。煤老板一夜暴富，做与煤有关的生意都能发财，运煤的车队老板们也分到了巨大的蛋糕，几近癫狂。

陕北多砂石，植被糟糕，早年蔬菜都非常紧缺。曾经吃不饱肚子的煤老板们开始报复性挥霍，甚至"杀"到北京血拼，在近在咫尺的西安上演奢侈品狂欢更是小菜一碟。神木县的街道上，法拉利、兰博基尼招摇过市，几十万元的名表煤老板们买起来不眨眼。

除了煤，陕北没什么好留恋的，煤老板们把家眷送往西安定居，为的是安逸的生活和优越的教育资源。他们在家人和煤矿之间往返，消费力在西安释放。"那时候奢侈品销售都知道，一旦有说陕北话的客人进店，就要迅速抖擞精神，他们是豪气爽快的超级金主。"一位西安奢侈品销售回忆说。

2011年，有家金融机构发布了一份报告，称榆林下属神木县资产过亿的富豪达2000人，榆林另一个叫府谷的县与神木县水平相当，而整个榆林市，身家过亿的富豪达7000人以上。

一位在西安奢侈品行业浸淫了十几年的销售回忆，21世纪之初的十几年，西安不断上演电影中的景象：一辆气派的陆虎停在商场门口，老板跳下车，麻利地打开后备箱，拎起两大袋现金就大步踏进门血拼。有时他是来给各路生意伙伴买礼物的，因为文化程度不高，对奢侈品也谈不上品位，为了快点办完事儿，他会让销售把手表图册拿过来，就像照着菜单点菜，飞快地选出十几只贵价表，甚至都顾不上一一查看实物，就爽快买单，绝尘而去。

在很长一段时间里，煤老板只认大牌，喜欢有大logo、能彰显实力的东西。这种心理在买车上体现得最为充分，开着兰博基尼跟银行打交道，贷款之类的事往往更容易搞定。LV、GUCCI、Ermenegildo Zegna是他们认为不会错的选择，穿这样的牌子如同释放一种信号，让周围人对自己的实力服气。有面子，好办事。

"早年跟煤老板说什么品牌文化就是白费劲，你磨破了嘴皮子说工艺，到头来他还是只认某个领导太太说了一句'不错'的牌子，他们有自己圈子里的意见领袖。"已经不在一线做奢侈品销售的谭野说。西安上流阶层的往来，一度还流行过送艺术品，给人送上一幅西安文艺界有名的某位老师的字画作品，曾被视为最体面、最高雅的方式。

和中大国际（南大街店）挨着的，是被称为"西安名表一条街"的亨吉利世界名表中心（南大街店）。一座低调的建筑，沿街店铺绵延三四十米，亨吉利世界名表中心（南大街店）在整个西北五省的硬奢品行业拥有圣殿般的地位。沛纳海（PANERAI）、芝柏（GIRARD-PERREGAUX）……你在这里能找到几大奢侈品集团旗下最顶尖的品牌，数百万元的"大表"出现在这里也不是什么新鲜事。亨吉利世界名表中心成立于1997年，在长达20年的岁月里见证了西北财富与权力的变迁起伏。甘肃、新疆、内蒙古的客人时不时过来，"鄂尔多斯"是这里常常被提及的一个地名。

2008年，混乱的煤炭行业开始了"煤改"，煤老板被逐步整合，偃旗息鼓。日进斗金的岁月结束了，煤老板们退隐于江湖。他们手里仍然握有惊人的财富，有人尝试从事其他行业，从房地产、影视到文化旅游。荒诞的是，除了房地产，他们鲜有转型成功的案例。没念过什么书，不会做其他行业，有些人在迷茫和自我放逐后陷入困境。

嫁到西安的孟澜，曾因为丈夫的家族认识了一位煤老板的儿子。30岁出头，海外留学归来，父辈的煤矿生意早就黄了，但他手里仍握有惊人的家产。这位煤二代人生态度散淡，无欲无求。白天在政府部门做低调的小职员，从来不敢穿戴自己精良的西装和名表，只有在假期才偷偷做回自己，从车库里的众多豪华汽车中挑一辆开去远方。

2018年8月，西安开了一家W酒店，这是万豪酒店集团旗下一个专门针对年轻群体、设计力求前卫炫目的品牌。西安的这家中西合璧，用西方艺术手法表现古城墙、兵马俑、丝绸之路、唐代彩绘……一晚房费1500元起，套房价格在4000元以上，结果开业即爆满，一房难求。

吵着要去睡上一晚的，相当大一部分是家在西安城里的年轻人。老一辈觉得在家门口花钱开房八成是疯了，却根本拦不住狂热贪玩的年轻人，他们哭着喊着要新潮、有范儿。在中国很多一、二线城市，一个被称作"拆二代"的群体正在崛起。西安也不例外，这里的90后、95后过着无忧无虑、大手大脚的生活。究其原因，与房子有关。

"一对本地小年轻结婚，娘家婆家准备上两三套房，还能给他们配上一辆很不错的车。"老杨说，本地年轻人成家，财务上已经非常自由，他们的父母收割了过去几十年西安城市发展的红利。

2008年前后，西安开展了大规模的城中村改造。与现代化高楼比邻的这些城中村曾经是文艺作品的灵感之源，在西安三环内多达几百个。这里的老居民获得了丰厚的安置补偿，很多家庭几乎一夜之间拥有了两三套商品房。今天西安的90后、95后当中，很多都是当年城中村的"拆二代"，他们生来就是包租公和包租婆。

今天西安城里最好的街区，房价在3万多元每平方米的水平；非核心街区，一万元出头也可以买到不错的房子。与此同时，肉夹馍6元，凉皮8元，出租车起步价只要8.5元。对于既拿薪水又收房租的"拆二代"，生活成本根本算不了什么，他们自然会去消费更好的、自己更喜欢的东西。贵一点？没关系。

老杨身边就有这样一个在英国留学后回西安的年轻妈妈，她在银行上班的老公年薪百万元，家里房产就不用提了。她特意选了不算太忙的事业单位工作，频繁约闺蜜去喝下午茶、美容、健身，聚会时有人穿来几千块一件的BURBERRY的T恤，说不清算攀比还是跟风，其他小姐妹马上也买了。

富有的西安家庭热衷于送孩子出国，专门培养留学生的国际学校在西安扎根快20年了。少则三五年的留学生活结束后，西安年轻人的眼界和观念早已天翻地覆。他们逃离父母喜欢的那些经典大牌，追求个性，喜欢潮牌，和西方青少年几乎一模一样。在西安中大国际（南大街店），你甚至可以看到当下全球最红的潮牌Off-White。

最早意识到年轻人巨大能量的，可能是西安市政府。在过去一两年里，历来严肃的政府部门表现出令人吃惊的娱乐精神，很多机构都有抖音账号，一时间"全民皆抖"。"西安的城墙下是西安人的火车，西安人到哪儿都不能不吃泡馍。"摔碗酒、毛笔酥……西安带着各种网红符号走红。在西安客流量最大的商场赛格国际购物中心，一座全长超过50米，从1楼直通6楼的亚洲最大扶梯成为城中网红，西安就这样成为年轻人口中带着玩笑意味的"朋克城市"。

西安SKP分为AB两座，一东一西两翼，中间用一间玻璃房相连，创造出一个用来展示和快闪的空间。SKP的阵容如此强大，在国内只有两家店的小众高级时装品牌Alaïa（阿莱亚）也在二楼拥有自己的位置。

"经常有客人走进来，说自己在欧洲见过这个牌子。"Alaïa的店员说,客人的品位今非昔比,出国是他们的家常便饭。很多富太太会刻意躲避周末的大客流,选安静的工作日来购物,结果就是工作日的"提袋率"相当高。中国小山羊绒精品品牌1436正在二楼举办春夏新品的静态展,销售说,西安的富有女性愿意花数千乃至上万元买羊绒,她们讲究品质,也很懂行,有的人用手摸一摸产品,就对品质心里有数了。

早期西安富豪只在乎品牌档次如何、名气够不够响,十几年前最早进入西安的万宝龙(MONTBLANC)和Ermenegildo Zegna受益至今。今天西安人仍然爱大牌,他们也有兴趣看看新的选择,而西安的年轻人已经是脱缰的野马,个性至上,绝不撞衫。

十几年前,对西安奢侈品市场没有十足把握,不少品牌委托代理商开店,只有少数品牌直营店。西安陆续迎来了LV、PRADA和GUCCI,也逐渐出现了FENDI、Chloé和YSL这些在当时略显小众的牌子。在10多年的岁月里,品牌店铺开开关关,许多代理权被品牌收回。

历史螺旋式前进,到了今天这个时间点,几乎每个全球化的品牌都认为到了在西安开直营店的时候了。西安SKP开幕的时候,PRADA率领旗下众品牌一口气开出7家店铺,还把自家最具艺术性的银子弹运到了西安。

店铺内的货品也发生了变化。之前有人抱怨品牌只把包袋、基本款时装放在西安店里,不少产品还是过季的。如今西安店的新款越来越多,上架速度越来越快。西安,再也不是那个"陕北暴发户"扎堆的地方了。

当SKP迈出北京、将第二站选在西安、将第三站选在昆明之后,有人指出,西安和昆明这两个城市赶上了"一带一路"倡议提出的时机。汉武帝派张骞出使西域,正是以当时的长安,也就是今天的西安为起点。陆上丝绸之路从这里开始,通往中亚、西亚、欧洲和北非。在西安飞往上海的航班上,餐盒包装以一种趣味的方式盘点了西安往西的丝绸之路上的美食。

老杨说,2018年他就接触了不少外地企业家,他们悄悄来西安考察,寻找"一带一路"倡议带来的机会。在国内,西安带动了中西部地区发展;国际上,西安是中国与中亚、西亚、欧洲国家合作的桥头堡,对外贸易可能将迎来发展机遇。

以西安为核心的交通网络正在飞快编织起来。咸阳国际机场拥有综合性的功能,而西安还在建设一个"米"字形的高铁网络,目标是在西安与国内主要省会城市之间形成"高铁一日生活圈"。在西安,还有运行数年、已经常态化的国际货运班列"长安号",长安号的路线是从西安到阿拉木图、莫斯科和鹿特丹,这是丝绸之路经济带上的黄金通道。

奢侈品的消费源自财富的积累与变迁,煤老板、拆二代之所以富有,是因为他们抓住了中国改革开放这一史无前例的机遇。而在西安,新一代的中产阶级也在不经意间飞速崛起。1991年,高校扎堆、科研力量强大的西安建立了高新区,一个以电子科技产业为主的工业区起步了。中兴、华为、酷派都在这里落户。2012年,三星在西安的落户轰动一时,这里建起了三星在海外投资的第二座半导体项目代工厂。

如今,以电子工业为代表,西安已经吸引了大批外来投资者,阿里巴巴、京东等一大批电子商务巨头也在西安设立了至关重要的机构和办公室。金融、物流等现代服务业应运而生。

　　谭野的家族里有一位事业成功的中年女性,她本人是律师,先生在西安成功创业,是西安白手起家的新一代富人。"她喜欢穿一身的GUCCI,大红大绿也不觉得夸张。她手机里有全球各地奢侈品销售的微信,也在国内买。她喜欢羊绒,对品质非常挑剔,只要够好,再贵也买。"

　　在普通百姓还没有觉察的时候,各路创业者带着资金,冲着"一带一路"提倡,逐渐向西安集结。这是新的机遇,是更坚实的财富。这些财富会逐渐转化为消费,成为内需的一部分,西北正逐渐从暴发户的状态,转向更理性、文明、有品位的阶段。

　　夜幕降临时,西安城灯火辉煌,道路两旁的大红灯笼仿佛绵延到世界的尽头。夜晚的街头,行人恍惚间以为走入了电视剧《大明宫词》里的灯会,古老与现代奇妙地混杂在一起。也许在"老陕们"的心底,这座城理应拥有盛唐时的繁荣与丰饶。

杭州奢侈品店是不是太多了？

2017年，麦肯锡发布了一份针对中国的奢侈品报告。报告作者接受采访时特别提到了佛山和杭州这两座城市，他指出：佛山有钱人[1]那么多，却没有一个奢侈品牌去开店；杭州有钱人不过占全国的1%，却拥有全国7%的奢侈品店。品牌们，有没有搞错？

我曾在杭州生活过几年，下面讲讲自己的感受。

奢侈品在杭州的店铺，绝大部分都开在武林广场一带，这一商圈的核心是杭州大厦。杭州大厦品牌阵容极豪华，你能想到的宇宙大牌在这里都能找到，和北京SKP、上海恒隆广场一样，杭州大厦是杭州这座城市的奢侈品地标。每年零售业都会出一个全国百货大楼排行榜，按年销售额算，杭州大厦经常位于前10名中的靠前位置。

其实，去杭州大厦走走你就能感受一二。不论假日还是工作日，杭州大厦周边路上每天都像豪车展，其中不乏华而不实的跑车。除了杭州的浙A牌照车之外，还有很多车挂着浙B（宁波）和浙C（温州）牌照。杭州大厦永远不缺人气，富太太们结伴而来，她们用你一句也听不懂的浙江某地方言交谈，手里提满了象征幸福

---

[1]麦肯锡的《中国奢侈品报告》的研究对象是家庭年收入达到30万元以上的中国富裕人群。

与满足的购物袋。过去十几年,杭州大厦几乎没有冷清的时候。杭州大厦还扩建过,从A座到D座,从顶级珠宝腕表到年轻潮牌,应有尽有。

杭州大厦没有空铺,却还有很多品牌削尖脑袋排长队想挤进来。一家小众的意大利顶级男装品牌Kiton很早就在杭州大厦开店,却至今没有去上海。因为在杭州大厦可以获得真实的销量,在上海开店有时是为了面子。与杭州大厦相隔不远的银泰百货,定位稍亲民,永远塞满了试化妆品的年轻姑娘和漂亮太太。

武林商圈昼夜川流不息,上演消费狂欢,有钱人都到这里找好东西。

最近几年杭州湖滨一带逐步崛起,有些品牌开出了街边店,这更能保持它们在欧洲本土的风格。受挫撤走的也有,比如杭州连卡佛,但问题更多在于连卡佛自身。由此可见,杭州的奢侈品店铺生意是不差的,否则不会有店铺一开十几年都没有离开。杭州大厦后来扩建,并且稳坐全国百货大楼排行榜前10的位置,都是杭州奢侈品市场繁荣的表现。十几年前,我身边的杭州人就在谈论LV的手袋,在国外买YSL。

杭州自古富庶,徽商涌入踏出了徽杭古道,也带来了商业机遇。另一个巅峰出现在改革开放二三十年之后,第一代浙商财务自由了。浙江人爱经商,没有资源、没有享受到优惠政策的温州人尤其如此,他们认为生意不论大小都是属于自己的,打工拿再高的薪水都没有做老板好。当年政策一松动,浙江人就大批创业。20世纪80年代,国内市场什么都缺,什么都畅销,浙商崛起,财富源源不绝。

讲几个我了解的浙商的故事。

有个60后的温州老板,17岁出来做阀门生意。20世纪80年代,他异想天开地要把产品卖给上海国有大厂,他漂在上海软磨硬泡,夜里就花5角钱去公共浴室地上睡觉。多年后他的企业成为这个行业的第一名。行业不起眼,他和他的公司也没上过什么杂志,而他的身家早已难以估量。

他的一位温州老乡,做电动车生意,产品主要在二、三、四线城市销售。2007年,他从英国订购了一辆价值400多万元的宾利汽车。另一个杭州老板,每年销售从新疆购入的棉花,经常要垫付几千万元资金,曾经历巨亏,但也熬到了巨富的日子。

在浙江待一段时间,你会遇到很多这样低调的人。创业有成的"富一代"不可胜数。他们不仅富有,胆子也大,敢于去世界各地闯荡,包括正在打仗的地方。他们中的很多人没读过什么书,见识却很广,他们很快弄明白了这个世界上最好的牌子是哪些。和许多其他地区的人一样,浙商同乡、亲戚、朋友之间喜欢炫耀和攀比,血拼有时会成为一种竞赛。

更爱买奢侈品的是浙商二代,那些80后、90后大部分都在国外读过书,没有经历过创业的艰苦,却有父母的宠爱,他们从小吃穿用度都是最好的,花钱不手软。他们认为父母喜欢的那些牌子老土,更爱买那些小众的、有个性的奢侈品,比如 Alexander McQUEEN。

有一位杭州90后,父亲年轻时当兵,后来做房地产,他十几岁时就习惯戴三四千元的太阳镜,开林肯(LINCOLN)车。还有一位90后,父母是浙江丽水青田人,很早就跑到欧洲做服装鞋帽生意,现在全家都已移民意大利,有时回浙江老家打理生意,他从小喜欢电子产品及豪华汽车。

曾有人总结说,东北的奢侈品消费根源在资源、能源,中部因为基建拉动,而浙江则因为民营经济发达。钱多了,自然会想办法花。买奢侈品的浙江人不仅有企业家,很多银行高管、医生、教师也有很强的购买力。

既然整个浙江都这么富有,那么为什么品牌很少去杭州之外的城市开店?

先说说温州,以我有限的了解,温州虽然满街富豪,但这座城市并不宜居。早年皮革生产加工等制造业对温州的环境造成了不小的破坏,后来温州人炒楼,温州投机氛围比较浓,旅游、零售等行业没有在温州得到重视。虽然有些奢侈品牌在温州开了店,生意也不错,但大部分温州富人都热爱去杭州购物。杭州不仅自然风光美,消费体验更是好,店铺多,货色全。

也有温州人很早就跑到杭州做生意,一开始形成温州村,后来在杭州买更好的房子定居,带着财富成为新杭州人。其他城市也是这样。浙江铁路不算发达,私家车普及率极高,人们习惯省内自驾出行。他们不需要LV等品牌开到自己家门口,宁愿开几小时的车去店铺扎堆的地方。

浙江人对杭州的爱是无法形容的。不论来自温州、宁波、丽水还是金华,人们觉得到杭州购物才有亲切感和幸福感。偶尔,他们也去上海。与同样也很富有的江苏相比,浙江的一体化程度似乎更高,杭州的奢侈品店不是只为杭州人服务,而是承载了整个浙江省的奢侈品购买力。

　　杭州不仅有鲁冠球、宗庆后这样老一代的企业家，还有比他们年轻的马云在当下呼风唤雨。这座城市的经济动力还在增强，消费的前景可想而知。

高级珠宝展观赏指南

对于衣服鞋子包，稍有了解的人看一眼就有五六分把握了。可对高级珠宝进行判断却非常难，如果只以"好不好看"来评论，未免辜负了珠宝的博大精深。一场高级珠宝展，承载的内容远远超过一场时装秀，展览时间往往长达数月。品牌不希望你只关注"王公贵族""价值连城""稀世珍宝"这样的噱头。

全球各地都有一些珠宝狂热分子，一场展他们要去看好几遍才能心满意足。那么，一场高级珠宝展是怎样做出来的？

首先要选择一个地点。

大秀在哪里举办，很能体现一个品牌的风格。高级珠宝品牌向来传统，选择城市、场馆时都慎之又慎。多年前FENDI石破天惊地在长城上走秀，在时尚圈引发了极大的震撼，这场秀到今天还会被提起。2017年CHAUMET的展览是在故宫举办的，你一听就知道，这个场地并不常见。

对品牌稍有了解，你就懂了。CHAUMET的创始人马里·艾蒂安·尼铎（Marie-Étienne Nitot）是拿破仑一世的珠宝匠，他为拿破仑及拿破仑的两位皇后约瑟芬、玛丽·路易斯创作了大量珠宝作品。他的客户里还有好多皇亲国戚、达官显贵，品牌一直是以"皇室御用珠宝商"的形象出现的。在中国皇帝的宫殿里陈列这些法国皇室的珍宝,像是一场门当户对的联姻。对于看过纪录片《我在故宫修文物》的公众来说,在中国很难找到一个比故宫更适合高级珠宝的地方了。

这场展览留出一部分空间与故宫互动,将CHAUMET的作品与故宫藏品并列展出,相映成趣。你会发现,相距如此遥远、文化差异极大的两个国家,工匠们有时竟然会有相似的创意。CHAUMET的古高德男爵夫人面纱别针和故宫的一件藏品——清代银镀金镶珠娃娃瓶巴洛克式珍珠簪内在相似,两件作品中的珍珠都不是司空见惯的浑圆球形,而是不规则的特殊形态。CHAUMET将珍珠设计成心形,而故宫的发簪则将珍珠做成了仕女。

是的,高级珠宝品牌到其他国家办展,都不会忘记与当地文化交融。

2017年梵克雅宝的大展选择在日本京都举办,日本国宝在展品中占据了非常可观的比例。梵克雅宝有许多蝴蝶、蜻蜓形态的作品,与之同时展出的日本漆器也绘有非常相似的图案。

当然也有商业上的考量,你会发现高级珠宝展主要都在北半球举办,高级珠宝在南半球可能只在澳大利亚、巴西和南非这些国家有一些市场,还没有频繁办展的必要。快速升起的亚洲市场近年来备受高级珠宝展的青睐,梵克雅宝在新加坡、日本和中国都有重要展览。

其次是确定一个主题。

每个品牌都有很多故事可讲,但一场展览只有一个主题。主题是如此重要,需要鲜明、深刻,让观众记住,可能要品牌最高层才能做出决定。

2017年5月，香奈儿在上海世博园做了一场不对公众开放的展，展出臻品珠宝系列"Les Blés de CHANEL"。臻品珠宝处于香奈儿品牌的金字塔尖，品牌将其定位为"在高级珠宝之上"。这个展览的主题是"麦穗"。进入展馆之前，迎接你的就是一大片麦田，麦穗都是从法国空运过来的。

香奈儿是讲故事的绝顶高手，人人都知道香奈儿女士在修道院度过了少女时光，而这次展览讲的是她与父亲的短暂相处。父亲亲昵地称她为"我的好麦穗"，而她的生日8月19日又是麦子成熟的时候。香奈儿女士生活中的蛛丝马迹，让这个主题有了根基。她在康朋街的私人寓所、丽兹酒店的套房，以及她与西敏公爵（Duke of Westminster）交往时购置的La Pausa别墅，都用麦穗做点缀。她把麦穗插在花瓶里，融进艺术品，还被她的好友——画家萨尔瓦多·达利画进自己的作品里。

以往香奈儿在高级定制上运用过麦穗元素，在这次展出的珠宝系列上，麦穗可谓无处不在。其中的"Fête des Moissons"（收获的节日）系列用麦穗编织勾勒出了皇冠形状，全套首饰包括戒指、项链和耳环。项链中央是一枚25克拉的长方形切割黄色钻石，镶嵌着钻石的白金"麦穗"环绕在它的周围。在香奈儿无穷无尽的故事里，这次你只要记住麦穗就够了。

梵克雅宝2017年在日本的展览主题是法国与日本的文化交融，展览回溯了梵克雅宝创立初期，日本手工艺是如何传到法国的，日本艺术风格对梵克雅宝产生了怎样的影响。在这个主题下，梵克雅宝对其自身拥有的已申请专利的隐密式镶嵌技术和其与格雷斯·凯莉（Grace Kelly）的往来，表达得都比较简洁。

再看CHAUMET，故宫展的全称是"尚之以琼华——始于十八世纪的珍宝艺术展"。这场展览的名字源于《诗经》，意思是"以美玉点缀"，主题点出的是品牌长达200多年的历史。展品中最古老的一件诞生于1789年，恰是法国人民攻占巴士底狱，开始法国大革命的那一年。这件作品是罗温艾斯汀侯爵夫人的藏珍匣，是一位父亲为纪念早逝的心爱的女儿而定制的，名称为"回忆"，装饰有女儿孩提时代的肖像，由CHAUMET创始人尼铎制作。

另一件200多年前的作品是法国国宝，拿破仑的加冕剑。1804年12月2日，拿破仑佩戴着这把剑在巴黎圣母院加冕成为皇帝。为了故宫这场展，这把剑第一次离开了法国。

主题是高级珠宝展的灵魂，所有细节都要为之服务。只要有一个让观众忘不了的主题就好，过多的信息只会让人眩晕——聪明人懂得取舍。

最后，还要收集和排列藏品。

怎样排列展品？按时间顺序是个好办法，而不同的展厅也有独立的分主题。

香奈儿的主题是麦穗，按照引导看完整个展，如同经历了小麦生长的整个周期，从春季的麦苗、夏季的麦芒，一直到收获时节成捆的小麦。这一系列就是这样设计的，表现麦苗的作品运用了一些绿色系的宝石；而到了成熟阶段，表现麦穗的作品则更多运用了金色、金黄色。几年前在上海举办的"文化香奈儿"展收集了许多香奈儿女士使用过的物品、亲手制作的作品，这次臻品珠宝展展出的是新品，省去了收集藏品的周折。但观众想看到全部的62件作品并不容易，因为有十几件作品已经在其他城市的前几站展览上被买走了。

CHAUMET 收集展品可能是极为不容易的，因为要同时展出这么多国宝、文物。在展览的介绍里，你能看到一大串博物馆的名单，除了主办方故宫博物院，参展方还包括了法国卢浮宫博物馆、法国枫丹白露宫、英国国立维多利亚与艾伯特博物馆等，一共17家。拿破仑加冕剑就是从卢浮宫博物馆借来的，还有一些展品是私人收藏。CHAUMET 20世纪80年代成立了历史传承部，该部门专门负责保管和修复藏品，并陆续回购历史上具有代表性的作品。

展品的排序以年代为主线，同时结合作品所处时期的文化艺术风潮。比如19世纪下半叶法国自然主义思潮形成之后，CHAUMET 的很多作品包含了花朵、飞鸟等自然界的元素。到20世纪20年代，法国与印度开始交流，CHAUMET 的作品中有一串印度风格的舞姬长项链。

不论是CHAUMET，还是梵克雅宝、宝格丽、卡地亚，这些历史悠久的高级珠宝品牌经常出现在拍卖场上，那些具有历史意义的作品常常会被品牌回购。很多品牌都有自己的博物馆。

为什么高级珠宝品牌要办展览？有时光筹备工作就要耗时三四年。"亲眼观看"高级珠宝为什么重要？

就像时装品牌做大秀、参加时装周，珠宝品牌需要制造一些声量，保持品牌的生命力，更重要的是，为公众创造一个亲眼观赏珠宝真品的机会。对高级珠宝来说，图片、视频虽然可以传递一部分信息，但远没有亲眼所见带来的震撼强烈。

在办展期间这样一段比较漫长的时间里，会有大量的观众前来观看。他们可以一次性观赏到品牌最精湛的作品，了解到品牌的历史、文化、风格。这样的展览，门票通常不贵，梵克雅宝在京都的展览票价只要不到100元，团体票、学生票价格还要低一些，而CHAUMET设在故宫的展并不需要单独购票，买了故宫的门票就可以进入参观了。

高级珠宝的诞生，常常与皇室、名流有着密切的关系，在高级珠宝的传记里，你能看到印度邦主、缅甸国王、意大利女高音歌唱家等许许多多的名人。高级珠宝在很长一段时间是普通民众无法接触的。然而随着全球的进步和民主化程度加深，皇室不再沉迷于奢侈品，而更愿意展现亲民、重视传统、爱惜旧物的形象。英国凯特王妃佩戴戴安娜王妃的戒指，用祖传的婴儿车送小公主受洗，博得了民众的好感。

高级珠宝品牌逐渐加入奢侈品集团，在保持最高工艺水平的同时，也希望更多的普通人懂得欣赏和拥有。除了一些保持品牌元素的入门款作品之外，高级珠宝也鼓励年轻人尝试混搭。

戴高级珠宝搭配牛仔裤不再是离经叛道，而是一种新潮。高级珠宝品牌希望你了解其历史、文化和品牌精神，也希望你敢于尝试和拥有，从你自己的个性出发进行搭配，而不仅仅是欣赏和赞叹。

时尚杂志的封面生意

2015年，*VOGUE* 为了庆祝进入中国10周年，特意来了一个大制作，9月刊的封面同时拍摄了10位中国当时声誉正隆的女明星，有演员、模特和歌手。谁知社交媒体毫不客气地讥讽，说这10位美人看起来都不太高兴，似乎也失去了她们在其他场合散发的惊人魅力。

"9月，是时尚杂志的元月。"在纪录片《9月刊》中，一位 *VOGUE* 英文版编辑这样说。9月刊是一年中最重要的一期，预示着来年时尚行业的景气度。

公众猜测，是对多重利益的权衡让 *VOGUE* 中文版这"特别重要的一期"显得有些扭曲。多年前BoF曾报道，要在 *VOGUE* 中文版的封面折页登一次广告，代价是210万元。

时尚杂志的封面，是生意。

2014年年底，一位因综艺节目爆红的90后女歌手，成为国内一家时尚杂志的封面女郎。她反身骑在椅子上，左手搭上椅背，露出袖口的腕表。这期时尚杂志的封面正是为该腕表品牌定制的——女歌手是该品牌最新的代言人。这一次合作的价码达到数十万元，但在业内并不算很贵。

下一期封面女郎是谁？在今天，时尚杂志的主编也很难自己决定,要看广告客户的态度,特别是化妆品品牌。"化妆品品牌会努力争取让自己的代言人登上封面,我们倒不会争这个。"一位奢侈品牌的公关说,该品牌以时装、皮具为主要产品。

可在时尚杂志封面露脸,化妆品品牌是比较吃亏的。读者能认出封面女郎的穿戴、配饰分别属于什么时装和珠宝品牌,却几乎不会去辨认那金色的眼影,是来自YSL还是BOBBI BROWN(芭比波朗)?至于护肤品、香水,更是在封面消失得无影无踪。但是,当一个化妆品品牌希望搅动时尚圈,它们依然会设法将自己的代言人推向时尚杂志封面。如果读者、匆匆经过报亭的那些人对这张脸留下印象,他们就可能在化妆品专柜找到亲切感。

为了回报杂志这个大人情,上封面的这个化妆品品牌常常会买下这期杂志内页第一个跨页广告,不论是哪家杂志,这个位置都是非常昂贵的。于是读者在封面看过这张脸之后,打开内页,又会很快发现同一个人。

这次在 *VOGUE* 中文版9月刊里,女明星封面造型创意来自20世纪早期闯荡好莱坞的中国女演员黄柳霜。10位女明星穿着的衣裙都出自名牌,但品牌信息被淡化,一切围绕杂志设定的"金""银"主题展开。

10位大明星当时个个都有重磅代言合约在身。赵薇代言腕表品牌积家,李宇春当时刚为GIVENCHY拍摄了大片,刘雯代言了雅诗兰黛,而李冰冰和范冰冰都是欧莱雅品牌的代言人……女明星们是受到各自"挚友品牌"的邀请,才会出现在纽约的Met Ball,才能够破天荒地聚在摄影棚里拍照,而不需要分头拍摄、后期合成。将代言人们同时请上封面,这一期9月刊,像是杂志对长期客户的"年度答谢"。

　　VOGUE 在业内享有"最难被收买"的美誉,但谁也不会天真到认为 *VOGUE* 的封面创意与广告客户彻底无关——至少,要留心不要让女明星穿戴了她们代言品牌的竞争对手的产品。但不是所有杂志、每期封面都能恰到好处地与客户谈成合作,广告有时候也会没人投。

　　这时杂志就把目光从品牌转向明星们。一年到头,明星们总有新片上映、新唱片发行,他们对曝光的需求,一点儿也不比时尚品牌少。但明星通常不肯掏钱,默认的合作方式是,明星先上封面,到了杂志举办年度颁奖礼、慈善晚宴等活动的时候,再盛装出席,以此作为对上封面回报。

　　比封面人物更具商业价值的,是他们从头到脚的穿戴。杂志造型师要挖空心思把他们打扮得漂亮,还要不折不扣地贯彻广告客户的要求——客户们都是花了钱的主。金钱在多大程度上决定了封面女郎的造型? 不同杂志的尺度相去甚远。广告客户的渗透方式五花八门,有直接的购买,也有含蓄的人情往来。

　　"宇宙大刊""一线大刊"们通常不会为封面明码标价,即使和客户的广告合作涉及封面,也不会写进合约。双方的合作太密切、太频繁了,有时候,彼此只做口头约定,淡化商业交易的味道。封面人物穿上品牌的衣服拍摄封面照片,看起来更像是因为喜欢这些品牌。

　　随着纸媒的景气度急速下滑,那些行业地位不够稳固的时尚杂志对封面的广告植入越来越开放,乃至主动。行业里流传着一些关于"市场价位"的数字,合作会被写进合同。封面,于是正式蜕变为最值钱的广告位。

封面可以整个儿卖,早些年比较常见的方式是,杂志封面人物所有的搭配都来自同一个品牌,这一广告位是排他的。这几年业界风云突变,又有了更多花样。比如,封面人物的穿戴来自某时装品牌,但该品牌并不擅长做手袋,更不曾涉足珠宝,杂志就设法将封面人物的手袋广告位"卖"给手袋品牌,将他佩戴的珠宝广告位"卖"给珠宝品牌。

"如果搭配得很好,看起来美,品牌彼此也不会排斥。杂志就有了更多赚钱的机会。"一位品牌方的人士这样说。

翻开杂志,翻过前几页令人震撼的大牌广告,你能在目录前的一个角落里看到一堆小字。这堆小字的内容是:封面人物的化妆师和造型师的名字,以及化妆品、服装、珠宝、手袋分别属于哪个品牌。但你通常分不清哪些是客户,更不知道他们付出了什么,才换来了这样一次亮相。

封面品牌植入既然效果不错,也就渐渐成为广告谈判的筹码。比如,当杂志和某品牌就高达500万元的年度广告计划进行谈判,品牌可能会要求在正常的投放之外,外加一次封面的展现。品牌选择哪一期来用掉自己的封面额度,取决于品牌战略、市场计划。

品牌自身每年都有大事发生,这些你都能从封面上看出来——简直没有一个细节是无缘无故出现的。比如巴黎在举办高定周,不少封面人物都会穿上高级定制品牌。2014年春天,不仅时尚杂志,一些都市报的头版人物都穿上了一个英国品牌的经典款,而2014年春天正是该品牌第一次上海大秀前后。新品发布、战略转型、获得投资……每当品牌在商业上有大事,封面上就会有所表现,很多时候品牌会推动多家媒体集体行动,在一段时间内形成热点。

经营杂志的人都知道,品牌有大事意味着有预算！2014 年,当刘雯登上 *VOGUE* 中文版 11 月刊的封面时,她手腕上戴着一只 Apple Watch 。

但有时候,广告商插手得实在太多了,时尚杂志就会出现一些奇奇怪怪的封面。

曾经,国内一位一线女明星出现在一本时尚杂志的封面和内页。她伸出左手臂,手指轻轻按住脸——社交媒体讯讽道,女明星的台词应该是:"你竟敢打我?"谁会把腕表戴在手臂侧面? 不难看出,女明星奇怪的左臂姿势,是为了秀她的表。一位时尚杂志编辑也不喜欢这个封面。

腕表这个"小东西"是广告大户,面积却比时装小太多,佩戴位置又不显眼。要让读者在封面上发现它,封面人物就得辛苦地"拗造型",而他们又不像腕表品牌 CEO 那样只要双手抱臂就可以了。

封面人物人选、服饰搭配、动作姿态、拍摄环境……如果全听广告商的,封面可能就被毁了。业内当然也流传着一些编辑团队坚持原则的故事。

某奢侈品牌高层即将访华,该品牌中国团队对此高度重视,早早接触某时尚大刊,希望高层在访华期间,能看到品牌的新品出现在杂志封面上。主编不为所动,说:"封面模特还没有试衣,她穿着未必好看。"而当高层航班落地,该大刊早已铺遍了报亭,封面女明星恰好穿着该品牌的新品。此时主编又淡然地说道:"因为她穿上去的确很美。"

皆大欢喜的概率极低,时尚杂志的封面已经成为一个利益交换的场地。杂志负责广告的商务和负责内容的主编,永远在斗争,彼此完全独立的状态已经难觅踪影。

现状是,在 *VOGUE*、*ELLE* 这样比较权威的时尚杂志,内容团队的创意能得到比较好的保护和尊重;而那些排位靠后、游离在品牌投放名单边缘的时尚杂志,因为急于拿下广告,往往会将底线一降再降,甚至由客户任意摆布。

纪录片《9月刊》中,Anna Wintour 在封面女郎 Sienna Miller(西耶娜·米勒)的两幅照片中举棋不定,反复掂量后,她在其中一张照片上贴了张便签,上面写着"teeth"(牙齿)。这一张最终被淘汰,是因为人物牙齿露得太多,分散了读者的注意力。

像 Anna 这样,专注从内容出发来做决策,是许多时尚编辑、造型师的梦想。而他们中绝大多数人,都会在广告部门的压力下,将广告客户的要求贯彻在封面的创意中。如果这个造型师还籍籍无名,他就要一边服从于商业需求,一边挖空心思做好创意,以期自己出名之后,有资本坚持自己的想法……

代表品牌利益的有时是一个人或一个部门,他们既负责内容的传播,也负责广告的投放。在很多大品牌进入中国的早期,因为人手少,就采取了这样的模式。这也给了负责人更大的空间和权力,他可以利用广告投放这一筹码,争取更多更好的内容。[1]是他

---

[1]广告主花钱买硬广和软文,均由杂志广告部对接。广告主自己要争取的是杂志非广告内容里的位置和篇幅,这是由杂志编辑部对接的。

们和杂志的创意团队，一起决定了封面的最终呈现。当然，这也滋生了腐败。

今天，公关和广告被很多品牌分为两个独立的部门，但他们手中都握有一些筹码，和时尚杂志无止境地博弈着。

虽然时常受到客户的牵制，但时尚杂志的水平仍然有高下之分。"时尚杂志与品牌唇齿相依，时尚杂志的内容可能永远无法完全排除品牌的影响。但可以平衡创意和生意，做出自己的性格。比如，*ELLE* 的内容偏重描述生活方式，而《时尚芭莎》的则更具时装仪式感。"前 *ELLE* 杂志出版人顾明这样说。

那一年，王菲穿着CELINE登上 *ELLE* 封面，几乎达到了皆大欢喜的效果。时尚杂志是时尚工业的一部分，它不可能做到绝对客观，但是总可以有自己的选择。

BALENCIAGA 带头，一夜之间各大品牌 logo全改了[1]

　　2018年12月4日，BALMAIN发布了品牌的新logo，字体改成了无衬线体，更简洁明了。它还推出了一个全新的monogram（字母和图案的组合），将字母P和B组合在了一起，意指公司创始人Pierre Balmain（皮埃尔·巴尔曼）和品牌的诞生地巴黎。

　　在字体排印学里，衬线指的是字母结构笔画之外的装饰性笔画。这是BALMAIN创立80年以来对品牌logo的首次更新。"BALMAIN现在是一个快速发展的品牌……正在越来越依靠新媒体与全球受众交流……是时候为品牌推出一个新的标志了。"2011年上任至今的创意总监是这么说的。BALMAIN希望"B"成为法国奢侈品的象征之一。接下来，这个新的logo首先出现在了BALMAIN2019年早秋系列的包袋和衬衫上。

　　同为"B"字辈的BURBERRY也在品牌logo上进行了更新，不过这与其新任创意总监有关。2018年3月，BURBERRY宣布前GIVENCHY创意总监Riccardo Tisci成为新任创意总监，8月全新logo和monogram印花正式发布。

　　这是BURBERRY 20年来第一次改logo，最大的变动是将骑

---

①本文由本书作者卢宝宜与卢曦合写。

马的标志性图案去掉了，字体也换成了更扁平化的无衬线字体。新的monogram图案以T、B作为字母组合，致敬该品牌的创始人Thomas Burberry（托马斯·博柏利）。全新的logo与形象不断在全球各大城市的广告牌中出现。

2017年BALENCIAGA在Instagram品牌官方账号上发布了一张灰底黑字的品牌logo图，并写道："BALENCIAGA全新的logo出炉了。"新logo改变不是很大，保留了原有的大写字母，只是字体更加修长，字母间的距离也缩窄了，显得更干净利落。

这也与新任设计总监有关。2015年，Demna Gvasalia被任命为BALENCIAGA设计总监。作为顶级潮牌VETEMENTS的创始人，Demna Gvasalia深谙年轻人对时尚的态度，打破了高级时装的传统，开启了新的时代。虽然新老logo视觉差异不大，但没人否认这已经是新的BALENCIAGA。BALENCIAGA的CEO曾对外表示："千禧一代消费者的销售额占我们总销售额的60%，正在成为增长速度最快的类别。"显然，品牌通过重塑形象打开了年轻人的市场。

为什么改个logo，就"逆天改命"了？

稍加观察不难发现，2018年以来还有一众奢侈品牌在排着队改logo，并且修改趋势相当一致：将拼写全部改为大写字母，采用更加简洁的无衬线字体，字母间隔也变得更加紧凑。马兰戈尼学院的一位教授解读说："99%的logo都是白色背景加黑色文字。许多品牌都在寻求一种干净、不大惊小怪的美学，喜欢用无衬线字体和块状字体。"从生理角度看，越是简单鲜明的字体，越是利于手机和电脑屏幕上的传播，也利于使年轻人以最小的难度记住。

网站设计公司 GO-Gulf 则指出，互联网上 55% 的页面得到的关注时间都不超过 15 秒。人们在浏览网页时的平均注意时长，从 2000 年的 12 秒降低到了 2018 年的 8 秒。YouTube（著名视频网站）从 2017 年开始力推 6 秒广告产品，以此来取代原来时长 30 秒的贴片广告。

BURBERRY 在 Instagram 上有超过 1200 万名粉丝，是 *VOGUE* 2017 年全球读者量的一半。让 logo 在 Instagram 上好看，也许是众多品牌选择更新 logo 并且更新得差不多的原因。就和手机都变得越来越像一块性冷淡的砖一样。

从心理角度看，设计出 BALENCIAGA 新 logo 的 Demna Gvasalia 称，灵感来自于清晰简洁的"公共交通信号"。它被理解成一个"对永远奢华的 BALENCIAGA 品牌更简单、大胆的诠释"。

这些品牌的 logo 改头换面之后，原本经典、复杂且优雅的气息被弱化，显得更加年轻、简洁和有活力。观众选择优雅的气息，但是品牌因业绩选择了年轻人。而现在的年轻人喜欢什么？潮牌，并且不畏全身 logo。

LVMH 集团旗下时尚电商平台 Lyst 最近做了一项统计，试图找出那些把 logo 元素融入产品设计的产品主要来自哪些品牌，最受欢迎的是哪个品牌。前 10 位分别是 Supreme、Champion（冠军）、FILA（斐乐）、PRADA、FENDI、GUCCI、Kappa（卡帕）、VERSACE、LV 和 CELINE（指品牌前 logo CÉLINE）。Supreme、Champion 和 FILA 作为 2018 年潮牌界最火的品牌霸占榜单前列，它们的绝大多数产品上都至少有一个 logo。

时尚圈的风潮每年换几轮，2016 年某数据显示，仅 1/3 的美国人会选择有 logo 的品牌，因为人们不想"被代表"，奢侈品忙着去 logo 化。到了 2018 年，千禧一代成为奢侈品最具潜力的消费群，他们只想代表品牌。对于年轻人而言，选择 logo 是对品牌和其背后文化与社群的选择。和扭扭捏捏、半遮半掩的炫耀不同，直白大方地展示 logo 成为当下时代精神的一种。

撇开宣传手段及归属感不谈，奢侈品 logo 本身具有核心价值。据奢侈品二手市场调查，带 logo 的产品比同一品牌不带 logo 的产品，价格高出 20% 以上。比如，带有标志性双 C 标识的香奈儿经典翻盖手袋，与不带这个标识的最初版本香奈儿 2.55 手袋相比，在转售过程中价格能高出 30%。

logo 虽然是品牌设计的，但实则是由消费者定义的。FENDI 2018 年年初更新了 logo，新 logo 采用了双 F 的设计：一个代表 fur，寓意品牌的代表性元素皮草；一个代表 fun，彰显了品牌年轻化的决心。继香奈儿的双 C、GUCCI 的双 G、BALENCIAGA 的双 B 之后，FENDI 凭借双 F 赶上了这一波浪潮，带 logo 产品的销量与同期相比增长了 70%。

不过，改 logo 并不保证成功。

除了 B 字辈的，2018 年 C 字辈的 CELINE、CALVIN KLEIN 也换上了新 logo，加入了 logo 字体无衬线的大家庭，却引发了不少的争议。2018 年 1 月，前 YSL 创意总监 Hedi Slimane 接替 Phoebe Philo，担任 CELINE 创意总监一职。Hedi 上任之后对 CELINE 进行了大刀阔斧的改革，首先就是从 logo 下手。新 logo 把原来的 É 变为 E，字母之间的间隔也缩小了，使整个 logo 看起来简洁紧凑。在 2012 年任职期间，他曾将 YSL 的 logo 从 Yves Saint Laurent 改为

Saint Laurent Paris。

　　不过很多人对 Hedi 的改革并不是十分感冒，上面提及的 Lyst 的榜单也体现了这一点。在 *ELLE* 发起的投票中，有88%的投票者更喜欢旧的 logo。然而，根据《女装日报》报道，CELINE 的新 logo 在零售商那儿却得到了几乎一致的好评，他们认为新 logo 拥有强大的商业潜力。

　　美国百货公司尼曼玛戈的时尚总监 Ken Downing（肯·道宁）表示，Hedi 可能是刻意把新系列设计得如此有争议，用自己最擅长的风格让 CELINE 看起来和其他品牌有些相像——结果就是"大家全都在讨论这件事情"。

　　另一边，CALVIN KLEIN 的改革恰恰相反。Raf Simons 2016年加入品牌，为品牌带来了大规模和最高频率的革新。他将品牌 logo 改成了全部大写，同样对字体和间距进行了调整，使其趋向高端奢侈品牌的定位。在设计上，Raf Simons 也被认为带领品牌迈向了全新的审美高度，加入品牌第一年便凭借品牌收获了 CFDA 年度"最佳女装设计师"奖项，还靠个人品牌拿下"最佳男装设计师"奖项。

　　可惜获得了一致好评之后，Raf Simons 的改革在业绩上并没有得到相应的回报。"在新系列上的投资没收到相应的回报，我们感到失望。我们认为 CALVIN KLEIN 重新推出的一些产品价格太高，没有获得计划中的销售效果。"CALVIN KLEIN 母公司董事长说。很快，Raf Simons 就离职了。

　　品牌正在用实际例子讲述设计师与消费者之间的博弈，业绩才是品牌最好看的 logo。

HARRY WINSTON买了一枚价值3.5亿元的粉钻

2018年11月13日，佳士得拍卖行在瑞士日内瓦拍出一枚粉钻，价格相当于3.5亿元。佳士得拍卖行高管难掩兴奋："这是钻石界的达·芬奇。"18.96克拉，色级为Fancy Vivid，意思是粉色浓度非常高，很难找到比这更浓的了。拍卖只进行了五分钟就落槌，买家很快被披露出来，是美国珠宝品牌HARRY WINSTON。卖家是谁却无从得知，佳士得拍卖行仅透露，这枚粉钻曾经属于南非奥本海默（Oppenheimer）家族。这个家族曾是钻石大矿主戴比尔斯的主人，收藏的巨钻自是不凡。

这枚粉钻创造了一个新的纪录：平均每克拉单价最高——每克拉1844万元，钻石界无出其右。不过总价上，天下第一还攥在周大福手里。2017年春天，周大福主席郑家纯亲自通过电话竞拍，以相当于5.5亿港元的总价，拿下了一枚59.6克拉的粉钻——"粉红之星"。据说拍下这枚钻石是为了纪念他的父亲——周大福创始人郑裕彤。

至此，很多人立刻想起了香港大富豪刘銮雄为女儿拍下的那一枚粉钻。2015年11月，刘銮雄以差不多2亿元的总价，拍下一枚16.08克拉的粉钻，送给他和甘比的女儿——当时只有7岁的刘秀桦，并用小女孩的英文名Josephine给这枚钻石重新命名。

　　动不动数亿元,这些巨钻的价格超越了普通人的想象。一边有人宣称钻石是20世纪最大的谎言;另一边,超级富豪们丝毫不为所动,仍然在钻石拍卖场上一掷千金。我们知道有钱人最精明,他们烧钱不会只为图个乐呵。国际媒体对巨钻的超级买家历来感兴趣,时不时会发布一些钻石大佬排行榜。虽然有很多低调的富豪没有被挖掘出来,但这个榜单上的故事,可以说是这个时代上流社会的传奇。

　　2015年一份人数为20人的榜单上,买巨钻的大佬们可以被分成好几类。这些人的故事和历史、国家命运都有着不算太远的联系。

　　这个榜单上有一位俄罗斯天然气寡头,他和诗人普希金同名。除天然气生意之外,他还将触角伸向钻石矿。好几位非洲豪门的后人,都与非洲国家的首脑关系密切,拥有非洲某些国家的钻石矿的股权。他们既从钻石矿里赚到了巨额财富,又对钻石充满狂热,时不时去拍卖行收点大货。还有几位印度商人,在南非钻石矿被发现以前,欧洲人以为找钻石就应该去印度——因为印度国内存在各种矛盾,而这些印度珠宝商有的正处在麻烦中脱不了身。

　　与这些富贵险中求的大佬们相比,欧美珠宝商们对巨钻的追逐更加疯狂。他们在拍卖场上你追我赶,夺下最夺目的巨钻,以彰显自己的行业地位。除盖过同行之外,珠宝商们还要借此赢得顾客的信任。如果你时不时地拿下一枚天价巨钻,那么达官显贵自然更加信任你,那些只能买得起一克拉以下钻石的年轻人们,也会更多地走进你的店铺。更直接点说,每次拍卖行传出天价拍卖的新闻,全世界最优质的媒体都会主动大肆报道,免费曝光一大波,你说合算不合算？

在这个20人榜单上有珠宝品牌GRAFF（格拉夫）、Chopard（萧邦）、CARL F. BUCHERER（宝齐莱）、MOUAWAD，以及周大福的人。

本文开头提到的HARRY WINSTON，如今是斯沃琪集团旗下品牌，集团掌门人小海耶克（Nick Hayek，尼克·海耶克）也稳稳地位居榜单的前列。英国高级珠宝品牌GRAFF的创始人夫妇都爱买巨钻，品牌没有加入奢侈品集团，也极少做亲民系列，以克拉数大、价格昂贵、只为顶级富豪服务而闻名。还有一对姓Mouawad的兄弟，是黎巴嫩珠宝商家族后人，MOUAWAD品牌在欧洲和北美积累了一大批重要客户。这家人最大的爱好就是混拍卖行，不仅敢于下狠手拍巨钻，还经常把巨钻们组合在一起进行设计，使之成为创天价的珠宝作品。Mouawad家族连续很多年给维密做天价内衣Fantasy Bra，中国明星章子怡也戴过MOUAWAD珠宝。

珠宝"富二代"和"富三代"也有上榜的，比如Chopard的女老板Caroline Scheufele（卡罗琳·舍费尔）和CARL F. BUCHERER第三代掌门人Jorg Bucherer（乔格·宝齐莱）。他们都曾拥有旷世名钻和珠宝珍品。整个榜单上的华人只有刘銮雄和当时还在世的郑裕彤。刘銮雄喜欢给女儿们买巨钻，港台媒体还为他画了表格，对比两个小女孩谁更得宠。

有分析认为，刘銮雄给女儿买钻并非仅仅为炫富或彰显父爱，而是为女儿们的财务安全做打算。他把现金换成巨钻留给女儿，是财富保值、增值的好办法。十几岁的Josephine算上珠宝，身家已经有几十亿港元了。无论刘銮雄在不在,女儿都财务自由。

郑裕彤做了一辈子生意,按照销售额算,周大福是全球第一大珠宝商。但在国际珠宝圈奠定他地位的,还是2010年他买下了巨钻"库里南遗产"一事。507克拉,他花了3530万美元,相当于2亿多元,这是史上最贵的钻石原石了。周大福历来以黄金产品闻名于世,但向钻石领域进军是必由之路。这也不难解释为什么郑家纯在2017年花5.5亿港元买下全球总价最高的巨钻"粉红之星":从钻石行业到普通百姓,人们都知道周大福和钻石关系很密切了。

回到HARRY WINSTON拍下价值高达3.5亿元的粉钻这件事上,这枚大钻石可能意味着这家公司的市场策略变得更凶猛。恰在拍卖几天之后,HARRY WINSTON在上海揭幕了一场珠宝腕表展。HARRY WINSTON用五个展厅讲述了New York系列的故事。这些作品都是非常隆重的大件成套作品,我猜测总价可能在千万元级别。

Harry Winston先生是一个曼哈顿珠宝商的儿子,土生土长的纽约人。正是在一次次夺下传奇巨钻的过程中,他逐渐成为"钻石之王"和"明星珠宝商"。他一生经手过各种传奇名钻与稀世宝石,常常登上各国新闻媒体的头条。

比如,原石重达726克拉的琼格尔钻石是第一枚在美国切割的巨型钻石。那时还是当红童星的秀兰·邓波儿拍了一张照片,她手拿这枚钻石,脸上露出不可思议的神情。Harry Winston花了一年,将其切割为12枚钻石。他曾前往巴西寻找瓦格斯之钻,为了抢在前面,不惜穿越2万英里、跨越三大洲。这枚钻石被切割成近30枚钻石,最大的一枚采用了Harry Winston最爱用的祖母绿切工。

　　Harry Winston在美国总统约翰·卡尔文·柯立芝执政的黄金年代创业,在1932年经济大萧条时创立了自己的品牌。20世纪40年代,Harry Winston和团队创造出最具代表性的锦簇镶嵌工艺。他曾说:"如果可以,我想把钻石镶嵌在女性的肌肤上。"

　　1953年,玛丽莲·梦露的《钻石是女孩最好的朋友》里,唱到了卡地亚、蒂芙尼,还有一句是:"Talk to me,HARRY WINSTON, tell me all about it!"

　　按照化学成分分析,钻石不过是碳。所以有人说,钻石是20世纪最大的谎言,钻石是虚幻的泡沫。然而有趣的是,梦露说钻石是女孩最好的朋友,然后一代又一代的人,都在重复这句话。

闯荡四大时装周的中国人

2019年情人节那天，杨幂在纽约，她和卡戴珊家的网红超模肯豆（指Kendall Jenner）一起，在STUART WEITZMAN的背景板前面"拗造型"，照片在中国潮人圈刷屏。STUART WEITZMAN是一个高级鞋履品牌，同一集团有个姐妹品牌叫COACH。而COACH有一个多年来最大的竞争对手MICHAEL KORS——是的，杨幂也曾是MICHAEL KORS全球代言人。

杨幂代言了STUART WEITZMAN和MICHAEL KORS，一个不恰当的比方，这就像"同时代言了麦当劳和必胜客"那样不可思议。中国明星"一仆二主"，反映了市场现状：一方面，合适的带货人选屈指可数，品牌不惜一切代价都要抢到；另一方面，股价随时波动的美国轻奢品牌在中国市场上杀红了眼，可以对明星让步、对规则妥协，就是不可以对市场份额松手。

四大国际时装周，持续一个月的大戏，茫茫人海中，杨幂、刘雯是为数不多爬上巅峰的中国人。中国明星、媒体、买手、电商、时装品牌……他们生机勃勃又略显笨拙地出现在时装周上，他们究竟有多大的影响力？他们为何而来，又带走了什么？

2018年前后，纽约时装周逐渐成为中国品牌的主场。

大明星是李宁，这几年业绩好，还踩准了"潮牌"这个热点。在纽约时装周办秀已经好几次了,而其中尤其以2018年的"悟道"大秀最为轰动。这之后李宁股价暴涨,40天市值涨了60亿港元。2019年李宁再次出现在纽约,主题是"行",还尝试了即秀即买。虽然没有复制一年前的盛况,但展现了"时装周常客"的姿态。还有太平鸟,2019年第二次出现在纽约时装周,与艺术家合作,运用了西方经典电视节目《芝麻街》,主题围绕"融合、共创、青年"。

中国品牌这么多,部分原因是天猫组局。天猫一方面和纽约时装周主办方CFDA合作,另一方面张罗中国品牌办秀。2018年打出的口号是"国潮",在纽约举办的"中国日"活动上,无厘头的老干妈卫衣博了不少眼球。

波司登选择参加2018年9月"2019春夏纽约时装周",一场大秀正好为即将到来的羽绒服销售旺季造势。2018年正值公司转型和品牌重塑的关键时刻,一次在国际时装周的亮相,能起到提振士气、提升形象的作用。

这些都是中国的国民品牌了。受惠于中国惊人的市场能量,它们财力雄厚,如今已经到了品牌升级、追求更高附加值的阶段。纽约时装周既有四大国际时装周之一的高级身份,又能给品牌提供完善的商业化服务。

有人统计过,2017年春夏纽约时装周中华裔设计师的比例高达13%,此后更是有增无减。一个中国品牌要进入纽约时装周官方日程,首先需递交申请,由委员会审核通过才有资格准备大秀,这时就要考验财力了。

在海外办秀需要哪些成本?最直接的费用包括模特、妆发、场地、灯光,此外还要邀请明星、红人,以打造阵容豪华的秀场头排。

"头排的人够不够大牌、红不红很重要，好的公关公司能请来大明星，一般的公司就找些名不见经传的人。"闯进高度专业化的美国时装产业，中国品牌通常会聘请当地的公司进行全程运作，而顶尖的公关公司收费可不便宜。

据透露，去纽约时装周举办一场配置不错的秀，需要花费的总成本在200万～300万元。差不多同步，品牌还要把纽约举办大秀的现场盛况传播到国内，在营销投放上的投入甚至超过了大秀所花费的成本。"走秀现场观众不过几百人，如果不做传播，就成了品牌自娱自乐。"一个中国品牌内部人士这样说。时装周在中国的影响力，往往只在一、二线城市的时装爱好者群体里，只有在国内放大声量，把影响的辐射范围扩大到三、四线城市，才会给品牌的生意带来帮助。

时装周最初只是订货会，一个品牌去纽约时装周，通常是对美国市场感兴趣，或者是在美国市场卖得好。不过，今天的中国国民品牌选择纽约时装周，目标还是影响国内。这些品牌的绝大部分商品是在中国卖掉的，出口只是锦上添花的一小部分。它们想找一个比上海时装周、北京时装周更国际化、更大牌的平台，而营销传播的火力则全部集中于国内。

中国品牌热情高涨，相形之下，纽约时装周呈现疲态，阵容吃紧。2019年TOMMY HILFIGER（汤美费格）去了巴黎，alexanderwang缺席，贝嫂回了伦敦，CLAVIN KLEIN在和Raf Simons分道扬镳之后一团乱麻……好在纽约稳住了RALPH LAUREN和TOM FORD。

半个世纪以前时装产业的人需要聚在一起，现场看货、订货，如今资讯如此发达，时装周的订货功能越来越弱，时装周不断被人批评"老了"。这时，中国品牌来了，它们财力雄厚，捧出各种营销创意，虽有些格格不入，但毕竟带来了变化和活力。时装精英圈层仍然有批评的声音，说中国品牌把纽约时装周的格调搞坏了，而巴黎时装周才是最后的"爱惜羽毛"的堡垒。

然而，这些商业上获得成功的中国公司，早已不是人傻钱多的角色。上述中国品牌内部人士说，去时装周不是图什么虚名，而是为了长期的品牌形象，中国人都懂产品才是根本。时装周只去一次是不够的，要持续不断地去，不能昙花一现。

今天，真正谈得上国际化的中国品牌屈指可数。不过改革开放已经40多年了，国际时装产业链与中国深度联结，许多中国角色活跃其中，比如时装买手。

他们看秀，去showroom[①]下订单，从不计其数的新品中寻找中国人喜欢的。有些欧洲小牌子，中国人连名字都不会念，买手们也能源源不断地将产品贩卖到中国市场，让产品出现在大大小小的购物中心、百货商场乃至独立小店里。

中国买手在过去的许多年里不受时装周待见，毕竟中国时尚产业起步晚。早期为了保证自己的品牌、产品有好的呈现，showroom要审核中国的店铺图片和同场售卖的其他品牌清单，才决定是否卖货——那些最红的品牌拥有极高的市场能力，这是一个卖方市场。

为了争取最热门的货源，买手要像面试一样，磨破嘴皮说服人

---

①showroom源自欧洲，2014—2015年出现在中国。它帮助设计师品牌与线下渠道进行对接，从而推动设计师品牌走向市场。

家卖货给自己。有时买手会被要求配货，也就是必须采购一部分不太好卖的品牌，才有资格买到一些热门品牌。中国买手长期处于弱势地位，很多买手会以"能买到Acne Studios①这种品牌"为傲。

几十年过去了，市场有了明显的变化，欧洲时尚产业不明朗，有的品牌发展得好，有的处境艰难。如果说纽约时装周因为阵容吃紧对中国品牌打开了大门，米兰时装周则开始将中国买手视为不可多得的实力金主。

"老外现在看到中国买手是很高兴的，因为中国买手店订单量很大。"国内一位知名showroom创始人透露，某个品牌中国10家买手店的订单量，相当于国外80多家店铺订单量的总和。一些showroom和品牌热烈欢迎中国买手，甚至为他们包办看秀的邀请函和签证。

中国时装市场爆发式增长，以此为筹码，中国电商公司跑时装周几乎没有遇到太大的障碍。天猫和纽约时装周来往比较多，唯品会2018年联合密扇、白鹿语等品牌在伦敦时装周办秀，而京东则和纽约、伦敦、米兰、巴黎的时装周都有接触，和伦敦时装周关系最为密切。

2019年伦敦时装周，京东与BFC签署了三年合作协议。京东一方面支持陈序之、李筱、张卉山这些中国设计师在伦敦发出声响，另一方面把伦敦的时装品牌资源带回国内，丰富自己的品牌库。

围绕着国际时装周，很多真实的交易正在发生，中国人激增的

---

①诞生于1996年的瑞典品牌，设计简洁，色彩清淡，也被视为"性冷淡风"的代表。

消费力使中国在这条产业链上日益活跃。

一位资深时装买手说，曾经在秀场上遇到一些国内小买手店的老板娘，她们精心搭配出有些夸张的造型，努力争取在前排的座位自拍，为的是回国之后秀给店里的客人看，奠定自己在时尚方面的权威地位。她们的店铺开在富裕的二、三线城市，那里有不少家境殷实的女人，她们渴望打扮得漂亮。这也许就是中国市场最令人羡慕的能量。

中国模特和明星是最早闯荡时装周的那群人。

早年范冰冰造型"拗"得太刻意，在"老姜"巩俐、张曼玉面前输了。如今明星斤斤计较投入产出，如果参加时装周不能带来足够的回报，他们就不愿意花时间跑一趟。品牌通常会安排自家代言人、大使或者品牌好友从国内飞到时装周现场，为大秀带流量。杨幂这次作为 STUART WEITZMAN 的代言人，穿一身品牌行头，在机场也争分夺秒，留下不少带货街拍。

2019 年是伦敦时装周"小年"，BURBERRY 带了一群中国小明星、小博主去现场，代言人赵薇和周冬雨都没出现。PORTS（宝姿）请去了梁洛施，但没有进行大规模宣传。I.T 老板沈嘉伟和大明星太太邱淑贞让大女儿沈月为品牌 izzue 走秀，精打细算。到了米兰时装周，中国明星多了起来。GUCCI 请了倪妮，ETRO（艾特罗）趁机宣布品牌大中华区代言人为刘涛，PRADA 请了俞飞鸿，无非是因为这些品牌商业运作已经非常熟练，需要中国明星吸引中国公众的眼球。巴黎时装周就更不用说了，每个品牌都要邀请不止一位中国明星助阵。

明星看秀一般是受品牌邀请，或者是媒体带明星看秀，比较罕见的情况为,明星是品牌死忠粉,买成VIP。很多经纪公司为了强化明星与时尚的关联度,会通过运作让明星去时装周看秀或街拍。电影《流浪地球》男主角屈楚萧大红大紫之前,就曾在Ermenegildo Zegna米兰大秀前排就座。

"蹭"时装周的中国明星历来都不在少数,随着社交媒体的发展,这种行为也越来越容易被曝光。"蹭"时装周和"蹭"电影节红毯一样丢人,得不偿失。国际与国内信息不对称的情况越来越少了。

中国媒体在遭受剧烈冲击和变化后,跑在前列的时尚大刊也在为赚钱而努力,而那些异军突起的新媒体、时尚博主,无不把赚钱放在首位,所以你看到的时装周报道,往往被有关金主的秀的信息占据了最好的版面,你很难看到客观中立的报道。不过,这也是媒体变革时期一条必经的失衡之路吧。

有一些中国设计师品牌进入了巴黎时装周日程,比如UMA WANG①、MASHAMA②、夏姿·陈③等。其中夏姿·陈多年来持续参加巴黎时装周,将巴黎时装周变成了自己的一个标签。上述资深时装买手说,中国品牌想要挤进巴黎时装周,最初只能靠砸钱。好不容易挤进官方日程,获得的时间段往往很差——和宇宙大品牌的时段紧挨着,编辑和买手唯恐错过大牌的秀,常常放弃紧挨着的秀。中国品牌在巴黎闯天下,常常要挖空心思给编辑递邀请函,却不一定能等到对方的回复。中国最早跑时装周的这些角色,花了

①中国独立设计师Uma Wang(王汁)创立的时装品牌。Uma Wang长于针织和羊绒女装设计,曾为姜文电影《邪不压正》设计戏服,享有国际声誉。
②中国独立设计师Masha Ma创立的时装品牌,Masha Ma曾在Alexander Mc-QUEEN工作室任职。
③1978年创立于台湾的高级时装品牌,是巴黎时装周的常客。

非常长的时间,才成为这个圈子的一部分,他们已经非常熟悉规则。商业化不能保证完美,却是最高效理性的方式。

时装周,本质上是订货会。品牌发布自己的作品,通过模特走秀、静态展等方式,让全球各地时装产业链上的角色前来做生意。很多城市都有时装周,柏林、东京、迪拜,还有上海,而纽约、伦敦、巴黎、米兰这四大时装周历来被认为是最具影响力的。越来越多的设计师在传统的秋冬、春夏时装周之间举办时装秀。特别有实力的品牌有时会选择在纽约、伦敦、巴黎、米兰之外的城市办秀。卡尔·拉格斐就曾跑去莫斯科、洛杉矶等地。

总之,时装周并没有严格刻板的规定,参与业内领先的四大时装周的品牌,虽然以本土选手为主,但多年来也经历了各种出走和加入。

中国人在四大时装周上的角色变得越来越重要。早先是闯荡国际的模特、国内第一代时装编辑,以及明星、名流和设计师。随着中国国力增长,台上台下的中国面孔不断增加。直到今天,中国时装品牌有财力前去纽约办秀,邀请明星,在国内搅起热潮。

归根结底,这一变化取决于中国时尚产业的综合实力的提升。*ELLE* 1988 年进入中国,1994 年苏芒开始尝试做中国本土的时尚杂志。也就是说早在 20 世纪 80 年代,中国时尚媒体就开始与国际接轨,这也是中国改革开放、对外交流的结果。

接下来中国时尚行业突飞猛进,国际品牌蜂拥而至,中国市场上出现了越来越多的时尚行业从业人员,从基层的销售到买手,再到品牌中国区总经理。中国明星登上舞台,他们刚开始跑时装周的时候,公众感到新鲜又惊喜。

有一些优秀的中国设计师已经在海外闯荡多年，如服装设计师兰玉、Uma Wang、张卉山等，他们的作品艺术性强，但设计师本人知名度稍欠。他们中有些人是家族事业的第二代，做时装这门生意的时候有了基础。今天，李宁、波司登等品牌无一不是先在中国市场上汲取了巨大的商业价值，方才具备大手笔进军国际的能力。

时装周上的中国角色最大的筹码是中国市场、中国人口。坐在前排的时装博主、影视明星背后是百万名粉丝。和京东签约，BFC感兴趣的是京东的用户数量，以及中国市场的能量。中国买手受到showroom的欢迎和周到安排，是因为他们有本事将大量的时装卖到中国的一、二、三、四线城市。

"都和国力有关。中国买手实力强，中国面孔的设计师在国际上也是受关注的。当然，论中国设计师和顶尖设计师的差距，买手店的全球影响力，中国还早得很。对国际来说，中国就是一个大的市场，有很大的潜力，目前仅此而已。"上述showroom创始人这样说。还没拥有一流设计、一流品牌的时候，中国就已经飞快地拥有了全球最大的市场。中国人出去闯世界有时被当成暴发户，也是难免。

特意安排在四大时装周之后举办的上海时装周，专业能力仍然不能和前者相比，但热度却不低。不计其数的国际时装圈角色希望通过上海时装周，在中国时尚圈发出声响。目前的筹码，足够中国人闯荡世界，接下来，就看你有多用心，以及能否坚持走下去了。

我陪闺蜜挑婚纱

2014年春天，闺蜜Y要结婚，我们开始了从上海到苏州、跑断腿的采购之旅。

VERA WANG（王薇薇）① 2013年在上海新天地马当路开出了在中国的第一家旗舰店。鉴于Y婆家财力不俗，对婚纱其实没有多少研究的我，当然首先想起了VERA WANG。VERA WANG上海店的婚纱价格，从三万到数十万元不等。华裔设计师，蜚声国际的品牌，似乎理应得到中国富人的追捧。然而，VERA WANG在进中国之初，就曝出试衣需要先付3000元试衣费、新娘需在90分钟内试穿8套婚纱、全程严禁拍照的新闻。

VERA WANG的工作人员当时还很诚实地告诉媒体，"试衣费"仅在中国收取，收取"试衣费"是为了保护知识产权，保护精细贵重的婚纱……听我说到这里，Y立即摇头——这么大的事儿，怎么能在90分钟之内掐着表决定？预算虽然宽绰，但3000元也不是可以随随便便打水漂的。

这时我才惊讶地意识到，除了VERA WANG，这世上还没有第二个婚纱品牌给我留下过印象。身边工薪家庭的女孩儿结婚，

---

①华裔美籍设计师王薇薇创立的同名婚纱品牌。

都是去苏州挑选婚纱，也从来没听说过有什么品牌。也有选择租婚纱的新娘，就似乎更简朴了一些。

机缘巧合，我想起偶然看过的一场以私人定制为主题的秀，其中就有漂亮的婚纱品牌参与，那是在上海外滩22号。那是个有故事的地方，是上海万国建筑群的组成部分。20世纪初，那里是英国太古洋行在东亚兴建的首个投资机构，传说还有神秘的"地下金库"。新中国成立后被收归国有，成了与投资机构风马牛不相及的丰华圆珠笔厂。几年前，中国台湾女企业家李玉麟投重金将其装修打造成私人定制空间，引进多个小众品牌，将两座建筑之间的"一线天"做成天然的T台。梦想虽然美好，但外滩高端品牌遇冷的问题长期得不到解决，外滩22号也一直处在高空置率、低人气的境况中。

我们傍晚时分到了那里，发现门口第一家就是婚纱店。而Y在短暂的浏览之后，就看中了一件米白色、鱼尾状的修身款婚纱。轮廓简洁优雅，做工精细，从上到下手工镶嵌着细小的亮片，刺绣工工整整。Y一试穿，更不得了，样品恰好是她的尺码。也不知设计师用了什么心机，这件婚纱的"鱼骨"——内部结构，恰到好处地雕塑了她的身材，胸是胸、腰是腰。原本对婚礼充满焦虑、办了健身卡打算狠狠减肥的Y，似乎不必再费那个工夫了。她看起来真是凹凸有致。Y在试衣间柔美的灯光里沉醉不已，以往缺乏自信的她此刻竟然变成了一条性感的美人鱼。

出于"这么大的事不会这么容易就搞定了吧？"的心理，Y并没有立即下单，我们决定再逛一逛，确保真的没有更好的，再定下来。那件"美人鱼"婚纱售价1.68万元。

　　随后我们去了同在外滩的益丰外滩源,那里的婚纱太过前卫,在Y公婆那里肯定通不过。去长乐路挑礼服,完全找不到感觉。认为"在上海看得差不多了"的时候,我们去了苏州虎丘,那个许多中国新娘都要去的地方。在虎丘逛婚纱店是个体力活,我脑子里立即浮现出那个"如果在义乌每家店铺前停留一分钟,逛完整个商城要好几个月"的说法,在虎丘逛婚纱店也差不多是这样。

　　在虎丘,我们很快感到了沮丧和疲惫。这里的婚纱绝大多数用料低劣,制作粗糙。VERA WANG的设计被无情地山寨、改造,这家店和那家店看不出什么区别……虎丘的婚纱标价大多数百或数千元,通常可以凶狠地砍到原价的三分之一。幸运的是,我们在虎丘发现了外滩22号那个婚纱品牌更大的一家店铺。售价数千到数万元不等,不打折,在虎丘鹤立鸡群。

　　那天店里有一位身材高挑的准新娘,高高盘起的发髻披上质地强韧、闪闪发光、长约四五米的头纱,庄重而纯洁,美极了。那一套婚纱要价三万元。而Y,则沉浸在狂喜和不知所措之中,似乎不论哪一件婚纱,都能穿出别样的美。流水般的裙摆,她穿上就像童话里夜间出现的仙女。长长的拖尾,又将她的身体线条拉长。然而,Y最心仪的,仍然是第一次试穿的那件。

　　婚纱究竟要不要买最好的? 有的新娘觉得,一辈子只有一次,在婚礼上一定要美到极致。也有持家的新娘觉得,为了一辈子只能穿一次的婚纱,不必花掉那么多金钱,婚姻生活有爱就够了。

　　在中国,每年有千千万万的新娘选购婚纱,却没有VERA WANG这样的品牌。那件让Y欣喜若狂的"美人鱼"婚纱所属的品牌,虽已有了超高的品质,却籍籍无名,不善于品牌营销,只能淹没在虎丘糟糕的婚纱海洋里,能与Y这样的新娘相遇全靠缘分。

　　以我的经验,这是一家地地道道的中国公司,在非常稀少的推广中,它努力把自己包装成一个源自欧洲的品牌——如此优秀,又何必呢? 中国市场有如此深厚的潜力,不靠山寨,不打价格战,不傍大牌,也是有可能成功的吧?

钻戒挑选指南：幸福与预算无关

女孩，你想要什么样的钻戒？

2014年，乔治·克鲁尼①亲自设计了一枚祖母绿钻戒，向他的律师女友求婚，自然是马到成功。社交媒体上，有一个女孩曾提出这样的问题：预算有限，是去周大福买一枚性价比更高的钻戒，还是圆自己一个蒂芙尼梦？这是一个很有代表性的问题。有一种说法是，钻戒是女性人生中第一件比较昂贵的珠宝，不论对女性本人，还是珠宝品牌，都是一个重大机遇。

如果你是一个中国女孩，要结婚，在挑选钻戒的时候，是去周大福、周生生、谢瑞麟、六福珠宝这样的"香港四大金行"，还是去CHAUMET、梵克雅宝、宝格丽和Chopard这样的高级珠宝品牌的店铺？当然，你已经非常熟悉的卡地亚、蒂芙尼，以及更神秘的HARRY WINSTON和GRAFF，都可能会进入你的视野。

目前在中国，香港四大金行在婚礼珠宝市场占有率很高，但占有率近年来有所下滑，其他品牌时刻不停地进攻这个市场。当然还有FOREVERMARK（永恒印记）、戴比尔斯、I DO、通灵珠宝等都做钻戒，必要的话，我们后面再研究。

①美国男演员、导演、制片人，曾主演电影《十二罗汉》《在云端》等。

本文尝试回答一个问题，如果预算是三四万元，既然在周大福和一些高级珠宝品牌都能买到钻戒，为什么中国的新娘们并不是人人都有勇气走进高级珠宝店？

知乎上有个帖子，说如果为结婚准备全套首饰的话，新人的珠宝包括了求婚戒、订婚戒、主钻戒、守护戒、男戒、对戒、项链、手链……还好，大部分新人只置办订婚戒和结婚对戒就可以了，所以暂不深究钻戒将被用在婚典的哪个环节，我们就谈如何选钻戒。

我的一位珠宝专家朋友建议了以下几个挑选钻戒的步骤：

确定预算；

根据预算选择品牌，是国际品牌还是香港四大金行或其他国内品牌；

选择钻石；

选择戒托的款式和风格；

……

听说钻石是女人最好的朋友，可你真的懂这个朋友吗？在钻石行业，国际通行的是4C标准，4C标准是美国宝石学院制定的，具体包括：净度、成色、切工和重量。

净度分为11个等级；

成色用字母表示，从D到Z，字母越靠前，钻石越白、越好，越往后钻石越偏黄或褐色；

切工或者切磨涉及钻石的亮度和与光线的关系；

重量，一克拉等于0.2克，每克拉有100分。

一枚钻戒通常有一枚主钻，有时有副钻——就是出现在主钻旁边的小一些的钻石，以及戒托——通常是铂金或者K金材质。

我们再来比较一下香港四大金行的钻戒和高级珠宝品牌钻戒的不同。

假设主钻石大小为几十分或者一克拉、两克拉，香港四大金行的钻戒性价比更高。同样的价钱，你可以在周大福买到克拉数更大的钻石。现在钻石都会配有美国宝石学院的证书，身世很详细，然而证书并不是万能的，还有一些细微的差别你一定不想忽略。

珠宝业内人士告诉我们，高级珠宝品牌对钻石的要求是比较高的。我们前面已经科普了钻石的成色用字母表示，高级珠宝品牌的钻石成色最差为Ｉ色，如果成色逊于Ｉ色，就被弃用了。比较亲民的品牌，对成色的接受尺度宽一些，总体价位水平也才能低一些。类似地，成色同为Ｆ的钻石，如果品牌很大，价格也会更高。

而如果你想要的钻石克拉数很大，超过了三克拉，高级珠宝品牌能力要强得多。因为它们有上百年甚至几百年的历史，与钻石上游厂家的关系根深蒂固，更容易拿到品质更好、更大的钻石。

另外，香港四大金行大多以黄金为主要业务，是金饰专家，周大福的黄金生意要占去一大半，钻石产品比例相对低一点，只有谢瑞麟是以钻石为主要业务的。

如果预算在10万元以下，特别在乎钻石的大小，请选香港四大金行的产品。当你的钻戒预算是几百万元的时候，或许只有高级珠宝大品牌，才能让你满意。

钻石需要切割，我们再来比较一下切工。

钻石常见的形态有圆形、梨形、水滴形、祖母绿形等，这些切割方法一般珠宝商都能掌握，但高级珠宝品牌历史更悠久，做工更加精细。有一些高级珠宝品牌甚至有特别的切割方法。

　　国内大部分人钻戒上的钻石还是圆形，但欧美很多人钻戒上的钻石都是其他形状，明星富有且见过的世面广，他们选择异形钻石的比例更高。有一些钻戒还有副钻，副钻和主钻一样，也有多种切割的方式，常见的初级设计中，副钻主要是圆形的。

　　婚戒很可能会被你佩戴几十年，因此打磨的工艺非常重要，这样你戴起来才会感到舒服。通常高级珠宝品牌对打磨的工艺比较讲究，比如梵克雅宝的产品要经过多次打磨，舒适度方面更好。

　　还有一个重要的工艺环节是镶嵌。蒂芙尼作为钻戒专家，其六爪镶嵌钻石戒指是钻戒历史上的经典，被各路选手大量模仿。除了爪镶之外，还有一种比较多见的款式是包镶，还有三石镶这样的方式。至于钻戒的底座，通常是铂金、18K金等。

　　就这些而言，你为高级珠宝付出的金钱有一部分是用在看不到的地方，比如切工、打磨等，而非实物——更大的钻石。

　　中国年轻人说"颜值即正义"，比起年长一辈，他们对"好不好看"超乎寻常地重视。

　　香港四大金行以往在公众心目中的形象有些土，但它们也在不遗余力地扭转这个局面。2013年，周大福推出第三代掌门人郑志刚亲自设计的"Ombre di Milano"高级珠宝系列，该系列更注重设计，更注重融入动物形状的创意。周大福与迪士尼合作出联名款，邀请欧美独立珠宝设计师帮忙设计，还找来韩国组合BIGBANG队长、当红潮人权志龙来设计珠宝。

　　香港四大金行在设计上不断进阶，但还没有特别大的突破。

　　高级珠宝品牌在这一点上有极大的优势，它们最引以为傲的是那些又大又复杂的高级珠宝作品，而在钻戒的设计中，它们有丰富的灵感源泉,还有好故事可以讲。

比如,好几位明星新娘都选择了宝格丽MARRYME系列钻戒,这个系列采用的是"建筑式设计""明亮式切割",戒托设计可以使钻石从各个角度看起来都精致。而这个设计的寓意是求婚的勇敢和回应的坚定。

梵克雅宝的Couture钻戒,在铂金底座上镶嵌圆形钻石,不对称构造和扣眼图案的灵感来自高级定制时装,这是梵克雅宝高级珠宝的主要灵感来源之一。

又比如Chopard的订婚钻戒,钻石被切割为心形,懂行的人立刻会认出这个巧妙又不张扬的品牌签名。HAPPY DIAMONDS系列是Chopard最具代表性的作品,标识就是心形符号,它出现在Chopard的各种珠宝作品中,钻戒设计也呼应了这一点。

而CHAUMET的钻戒非常丰富,有各种不同系列,选择很多,每个系列的涵义又有所不同。比如Torsade系列,设计灵感来自巴黎芳登广场的纪念柱,寓意是经得起岁月和风雨。Liens系列,在法语中意思为"联结",从CHAUMET创立开始,"联结"这一寓意就贯穿在冠冕、胸针、项链等产品的设计中。Liens也体现了中国文化中的"缘分"。最有名的可能是Joséphine系列,因为背后是拿破仑·波拿巴和约瑟芬的爱情故事。设计延伸了皇室冠冕的设计理念,这样的钻戒有独一无二的寓意。

对于那些频繁出国旅行、受过良好教育的新娘,设计和寓意对她们来说极为重要,她们需要一个浪漫的故事,把她们的爱情定格为婚姻。

那么,为什么中国女孩没有去高级珠宝品牌店铺选钻戒的习惯？

　　关于婚戒，我询问了几个最近几年结婚的朋友。

　　我的闺蜜Y婆家财力不俗，她的钻戒是在周大福买的。为什么没有去梵克雅宝、CHAUMET？她说，不知道这些品牌也做钻戒，杂志上那些几百万美元的珠宝，离生活还是太远。其实，她在结婚前参加过一个意大利高级珠宝品牌的活动，虽然也很喜欢，但缺乏必要的知识，内心茫然，面对跳脱的设计，她不知道拿来做钻戒是否足够庄重。

　　另一位有长期国外生活经历的女性朋友，结婚对戒选的是蒂芙尼。"在维也纳婚戒专卖店看到了一副对戒，当时都没注意品牌，看起来设计不错就买了。主要看工艺、设计、性价比，不追品牌。"结婚对戒，她是这样选择的。

　　不论是香港四大金行还是高级珠宝品牌，都提供一定的定制服务，顾客可以按照自己的心意，提一些修改要求，很多品牌还可以在戒指内侧刻字。高级珠宝品牌的钻戒，还有很大的市场空间，不过难题也很多，高级珠宝品牌店铺很少，而周大福在内地就有2600多家店，内蒙古小城市都有。

　　高级珠宝品牌大多有很多系列，名字常常是法语、意大利语、德语，顾客看不懂。

　　不过造成顾客不敢进店的最大原因在于，高级珠宝的相关故事流传甚广，故事里价格通常都是天文数字，很多人不知道高级珠宝也有五位数的钻戒。

　　情况也在不断改变，黄晓明与Angelababy（杨颖）结婚，选用了CHAUMET的冠冕和钻戒，公众开始对CHAUMET的钻戒有了认识。舒淇戴的是宝格丽的钻戒。陈晓和陈妍希结婚选的是卡地亚。

　　传统的持家的中国女性,或许会选克拉数更大的钻戒,这是爱惜家庭财富的表现,因为钻戒或许真的可以传给女儿。而现代女性,不想吃泡面、买名牌,她们注重体验,对设计苛刻,认为价值不仅仅指"实实在在的钻石"。周大福、周生生开到你家门口,方便又贴心,而高级珠宝店,也是值得一去的地方。多年前戴安娜王妃用蓝宝石戒指结婚,让人们知道婚戒也可以是彩色的。

　　当然,这世上还有一些新娘没有钻戒也嫁了,从来没有哪个品牌的钻石可以为爱情提供保障,你的幸福与预算无关。

现在,轮到中国人收购欧洲奢侈品牌了

2017年11月,意大利珠宝品牌BUCCELLATI(布契拉提)被一家中国公司——甘肃刚泰控股(集团)股份有限公司(以下简称刚泰控股)收购了。在持有了几年之后,刚泰控股将BUCCELLATI卖给了历峰集团。没过多久,风衣做得很好、很久以前和BURBERRY齐名的品牌Aquascutum(雅格狮丹)也被如意集团收购。如意集团收购sandro(桑德罗)、maje(玛耶)两个品牌是2016年发生的事情。

如果我们把时间轴拉长一点,当时叫作中国海淀集团有限公司,现在叫作冠城钟表珠宝集团有限公司的这家中国公司,收购了瑞士钟表品牌CORUM(昆仑)。

我们来研究一下,为什么越来越多的中国公司开始收购国外的奢侈品牌?

上面提到的这些收购,影响力最大的大概是如意集团的几次收购。如果你打开如意集团的官网,你可能会觉得这简直是灾难。这个网站从页面设计到内容编排都称不上时尚。时尚圈的人们可能会嫌如意集团"土",每次如意集团收购什么品牌,都会有那么几声哀嚎,意思就是"我喜欢的某某品牌啊,就要葬送在一个土老帽手里了"。其实,一个品牌如果发展得比较一般,需要钱,需要更强有力的主人，收购就是你情我愿的事。而如意集团不仅有钱，在行业里还有很强大的综合实力，当然主要是在上游原材料、生产等方面。

山东是棉花生产的大省，如果你要在中国开一家服装厂的话，选址肯定是靠近原材料产地最方便、最省钱，于是山东多年以来慢慢出现了很多纺织企业。这些纺织企业后来慢慢成为很多服装品牌的代工厂，公开资料里面都有，如意集团是HUGO BOSS等品牌的合作伙伴。当一家做纺织业的公司把规模做得非常大，他们就会慢慢遇到品牌压价、利润微薄等生意上的困难，而且他们一直为大品牌代工，觉得自己的产品在生产制造上已经达到了奢侈品的水准。这时候他们就会越来越渴望拥有自己的品牌。因为谁都想赚大头，在行业里时间久了，就会意识到品牌的重要性。很多奢侈品代理商希望拥有自己的品牌，不想在夹缝中生存，生产企业也是一样。

其实如意集团在2010年就收购了日本一家服装业的百年老店RENOWN（瑞纳），在收购之前，RENOWN把当时旗下的Aquascutum给卖掉了，所以如意集团后来买进了Aquascutum也不意外。当时，Aquascutum经过了多次转卖，处境不算好，如果它的地位真的和BURBERRY差不多，那么一定很贵，卖家也很难讲话了。

如意集团一边收购，一边开始经营早先收购的那些牌子。2017年在上海的购物中心，我们发现在maje所在的楼层又开了一家sandro的店铺，看得出来，这两个牌子都获得了更多的投资，进入了扩张期，各个方面都在不断改进中。就算如意集团为这几个品牌做的事情有点土,但品牌也好过以往半死不活的状态,毕竟财力是非常重要的。

和如意集团相似,我想提一个中国钟表圈的隐形大佬,名字叫韩国龙。他是福建人,做房地产起家,在积累了大量的财富之后,他向钟表行业进发。将他的公司比喻成"中国斯沃琪集团"也不为过,因为我们熟悉的罗西尼、依波等手表品牌都是他的,这些品牌在三、四线城市卖得很不错。他的公司就是上文所述收购CORUM的中国海淀集团有限公司。CORUM以金桥系列著称,售价昂贵,对于韩国龙的商业帝国来说是非常高端的。

韩国龙把自己拥有的产业重组,经过近10年的买与卖,他已经拥有了10多个腕表品牌和多家工厂,还有丰富的渠道资源,并把在香港上市的公司"中国海淀集团有限公司"更名为"冠城钟表珠宝集团有限公司",一心一意做钟表。

中国公司出手收购国外奢侈品牌,有以下几个特点:

被收购的品牌做得不好,品牌价值处在比较低的位置,收购价格便宜,品牌原股东也比较倾向于一卖了之;

出手的中国公司在传统行业积累了大量的财富,不论是纺织还是房地产,依靠中国这个大市场,它们抓住了改革开放的机遇,赚钱了;

这些中国公司对时尚、奢侈品感兴趣,并且涉足了一段时间,对行业的运作方式有所了解。

甘肃刚泰控股是做矿业、房地产起家的,如意集团是做纺织,韩国龙也是先做房地产等比较传统的行业再展开跨国收购的。现在已经到了中国公司收购欧洲国家品牌这个阶段了,未来会有更多类似的事情发生。如果我们往前追溯一下,就会发现历史都是相似的。

　　我们就拿香港来说吧。香港20世纪六七十年代发展了起来,财富也是来自比较传统的制造、贸易这些行业。人们有钱了,就喜欢好东西,买奢侈品,穿得漂亮。那些最先消费奢侈品的生意人于是也动了收购奢侈品牌的心思。给我留下印象最深的,就是当年代理RALPH LAUREN等一大堆奢侈品牌的香港商人潘迪生,他收购了一个叫作S.T. Dupont的品牌,这个品牌的打火机比较有名。

　　说起来,这个品牌也是跟皇室有关系的、很厉害的品牌。传说潘迪生原本只是代理这个品牌,但是品牌要把代理权从他手里收走,他一气之下就把品牌给收购了。但无奈这个品牌是个落魄贵族,怎么做也做不好。潘迪生自己好像也没有那么大的雄心去开拓了,所以S.T. Dupont至今还是个没什么存在感的牌子。

　　而香港人最爱收购的当属钟表品牌了,他们收购了依波路(ERNEST BOREL)、罗马(ROAMER)、英纳格(ENICAR)等一大堆品牌,把它们推向内地,这些品牌在内地知名度很高。特别值得一提的是铁达时(SOLVIL ET TITUS)腕表,该品牌在香港人手里成就了一段辉煌。很多人都看过周润发和吴倩莲拍的铁达时广告,这是根据真实故事改编的。一位飞行员新婚后就奔赴前线抗日,壮烈牺牲,留给新婚妻子一块铁达时腕表。"不求天长地久,只求曾经拥有",这段经典广告词出自钟楚红的丈夫,广告天才朱家鼎之手。

　　香港走过的这段历程证明了被收购的欧洲奢侈品牌,仍然有机会焕发生命力。而香港商人除了收购之外，自己也做了一些品牌，比如上海滩。上海滩后来被历峰集团收购，又被历峰集团卖掉，这是另一段故事了。

到这里其实还没完，我想提醒你再看看日本。历史是相似的，日本在经济腾飞后也自然而然地开始在欧洲国家大收购，一度买得欧洲人人心惶惶。日本人买下的手表品牌有亚诺（ARNOLD & SON）、宝路华（BULOVA），康斯登（FREDERIQUE CONSTANT）也被西铁城控股；资生堂还跑到欧洲去收购香水品牌。不过呢，日本有一点值得我们学习，这或许也是中国下一阶段面临的情况。有一些日本人创立的品牌崭露头角，然后被欧洲的大集团收购了。比如植村秀被欧莱雅集团收购了，KENZO被LVMH集团收购了。

所以我猜想在日本，人们的心态已经比较平和了。日本公司收购欧洲国家的奢侈品牌，人们不惊讶，日本品牌被欧美国家的公司收购，也没有日本人痛心疾首，难过于民族品牌流失。日本还有很多独立的品牌始终保持着高水准，独立活着，比如川久保玲。

到这里我又想起一件往事，2008年金融危机的时候，PRADA被传说处境不好，就有中国商人有意收购。消息出来让时尚圈沸沸扬扬，有一种说法是，PRADA担心中国人把品牌格调做坏，故意不想卖给中国人。不过后来PRADA发出过一份声明，列举了当时还没上市的PRADA主要股东的情况，表明这个"收购"可能本来就是乌龙一场，有炒作的成分。

未来奢侈品这个行业必然会出现越来越多的中国买家，收购案例也会越来越多。而中国本土品牌纵然面临千难万险，也还是会有优秀的品牌脱颖而出，比如江南布衣、通灵珠宝等，类似的品牌也有被外国人收购的可能。

　　这几年，中国公众对这些事的看法开始变得冷静了一些。不像可口可乐试图收购汇源、欧莱雅集团收购小护士那时候那么容易激动了。在奢侈品行业，中国人目前收购的都是"落魄贵族"，如果哪一天真的拿下了一个顶级品牌，大概还是会引起哗然的，就像吉利收购"瑞典公主"沃尔沃（VOLVO）那样。

谁搞垮了露华浓？

2013年的最后一天，美国化妆品品牌露华浓宣布退出中国。是什么导致了露华浓的大溃败？究竟是谁搞垮了露华浓？

我听说是一个特别的人物：G先生。他是50后，香港人，金融业出身，任职过的公司都有一定知名度却又有些争议，比如安利、康宝莱、隆力奇等，当然也包括露华浓。公司名单非常长，G先生在每家公司停留的时间却很短，好几个公司的高管他只做了短短几个月，其中在露华浓他工作了不到三年。

通过媒体塑造个人传奇，G先生好像时刻在寻找下一站。履历表中G先生被誉为神，曾奇迹般地让有的公司扭亏为盈、起死回生，让有的公司赚得盆满钵满。要在媒体上呈现这样的效果，需要以企业的资源为后盾，比如以企业的品牌效应吸引记者，或者以品牌的广告预算吸引媒体高层等，而受益更多的是个人。

我找到了一个熟悉当时露华浓的重要人物。据他回忆，G先生在任时露华浓投放了大量的广告，疯狂做营销，花了很多钱。很多，是几多呢？我问。你可能觉得要上亿元才算多，可对露华浓这样的公司而言，几百万元就足够让股东心疼得眼珠子都要掉出来了！对方说。

企业做营销，花钱有门道，大把的银子花出去，给你呈现出什么样子根本没有定数。这就要求负责花广告预算的这个人为自己的公司来战斗。需要有非常专业的知识，有耐心，会跟对方讨价还价。据说当时远在美国的露华浓总部被一再游说后支持了烧钱的做法，给了不少钱，而且这笔钱没有被记在中国区的账上，由总部来扛。

可是一个做了两年多就跑的经理人，哪里会为露华浓的长远发展做什么谋划呢？至于下面那些负责花掉这笔预算的人，就更不用那么上心了，用心又有何用，老板不看这个，不如草草了事。

当然，我写这篇文字，绝不是把搞垮露华浓的罪责扣在G先生一个人头上。一家强大的公司也绝不是一个人就能搞垮的。G先生只是一个缩影，是露华浓走马灯式更换的中国区头号人物中普通的一个，G先生的所思所想代表着员工为露华浓工作时的普遍心态。

我认为，搞垮露华浓是一次集体合谋，是从上到下"不作为"导致的必然结果。

没有人来为露华浓战斗，公司就没有灵魂。全公司最卖力的可能就是专柜小姑娘们了吧。

露华浓在中国的失败是全方位的。营销上胡乱花钱，用美国明星代言——中国人可不认识黑皮肤的漂亮姑娘。

渠道上，露华浓表现出弱者普遍具有的拖延和胆怯。渠道长期是直营和代理并行。现在哪个一线品牌敢在上海用代理商呢？一个代理商手里握着七八个品牌，觉得你不够好，就把你的牌子扔到商场顶楼、地下室破专柜，卖一点是一点，总是大甩卖，形象好得了吗？

再说研发，露华浓已经很久没有新品了，所谓明星产品指甲油，是彩妆中最小的一个品类。

中国区总经理频繁更换，归根结底是美国总部没有下决心找个靠谱的经理人。美国总部为什么不找呢？因为美国总部也没有了灵魂，全球CEO几个月前刚刚被换掉。再来看露华浓的董事长Ronald Perelman（罗纳德·佩里曼），这是一个产业横跨无数领域的超级大亨。

Ronald Perelman，哥伦比亚大学金融系毕业，2012年福布斯全球富豪榜第69位。他投资杂货、雪茄、化妆品、汽车、摄影、电视、安全、彩票、珠宝、银行、漫画产业。资料就是这么写的，此人爱玩资本运作，结过4次婚，有6个孩子。大亨比较忙，估计也不一定看得上露华浓每年全球区区几千万美元的销售额。

那么其他股东呢？

露华浓2013年12月31日宣布退出中国之后，我特地去查了一下，其在纽交所的股价在接下来的一周内几乎都呈上涨趋势！从24.9美元涨到了25.9美元。对于退出全球最大市场这个新闻，美国资本市场打的是这样的算盘：失去了中国区区2%的销售额，却同时省掉了在中国更大的成本开支，开支可以直接转化为利润。他们待在华尔街算数字，哪里管得着万里以外的中国到底发生了什么。利润更多了，他们高兴还来不及。

于是，一个老字号就这样自然衰退了。

我不由地想到，露华浓的美国同行AVON也很惨，曾经的灵魂人物、华裔女性CEO钟彬娴曾经为之奋斗数十年，AVON当然也辉煌过。还有安利，中国区CEO郑李锦芬曾带领着团队"捱"过直销立法的致命冲击。在采访露华浓期间,我还见到了雅诗兰黛的中国员工。目前雅诗兰黛的董事长是家族第3代,家族在公司有6位成员,各家族成员持股比例不详,但共同持有公司87%的投票权。

好公司都有一个了不起的灵魂、一颗勇敢的心。不是想鼓吹家族企业的优越性,GUCCI家族当年血腥的内斗不能更有戏剧性。但无论是血缘还是其他关系,一家公司如果没有一支强有力的核心团队,是什么工作也推进不了的。如果露华浓要重建,那么,请先打造一支灵魂团队。

香奈儿调价:犹太商人的勇敢变革

"一个奢侈品牌,在中国内地大规模铺设零售网点,投入巨额运营成本,却眼看着内地消费者在其他地区的店铺购买,如此还能一直容忍自己内地店铺的业绩出现下滑,甚至亏损?"一位奢侈品公司高管问道。以往,奢侈品牌一直在内地等政策,希望政府能帮忙缩小奢侈品价差。

香奈儿决定自己来解决这个问题。

2015年3月17日,香奈儿宣布,在中国内地市场降价,而在欧洲市场涨价。同样的商品,保证在中国内地市场的价格比起欧洲市场,最多只贵出5%。

一石激起千层浪。

社交媒体最先被引爆。第二天、第三天持续发酵,内地香奈儿店铺门前排起了黑压压的长队。奢侈品行业的大小角色从四面八方齐声应和。你能否从中感受到一个品牌的力量?

香奈儿为什么要这样做?

同一款香奈儿手袋,以往在中国内地比在法国贵40%。随着欧元剧烈贬值,价格鸿沟还在加大。香奈儿在欧洲国家生产,在中国内地价格如此之高是因为受到物流、税收等多方因素影响。在内地需缴纳关税、增值税、奢侈品税、企业所得税,额度可观。

根据成本定价是常见的商业规则,而LVMH集团旗下某品牌内部人士却指出了香奈儿的不同思路。传统定价模式由生产环节出发:运输花了钱,就要在产品的最终价格里加上一点;缴了一笔税,必定又要折算在每件产品的零售价格上。如果耗费了更多的钱在"路上",顾客自然就应该多掏钱。

但香奈儿现在选择了"定价2.0"模式,即从消费者出发,先锁定零售价,物流、税收等花费都由企业自己消化。品牌回家算账的时候,"路上"的花费影响的是利润、利润率,而价格是早就定好不动的。

此轮价格调整后,香奈儿在中国内地利润率变低,而在法国利润率被推得更高。有点费脑筋,但香奈儿是这样选择的。

拉平全球零售价这么重要?

"多年来,几乎所有奢侈品牌的中国区管理层都怨声载道。在品牌总部,消除价差的呼声不绝于耳。中国区的意见是一股持续不断的推力。"罗兰贝格管理咨询公司(以下简称罗兰贝格)高级合伙人兼大中华区副总裁任国强说。

大量的中国购买力流向了其他地区,中国区老大的感受犹如"割肉"。"如果那些人回到内地买,很多品牌中国区的业绩就会出现令人瞠目的增长。"上述LVMH集团人士透露。

根据罗兰贝格的调查,有多少奢侈品在中国内地卖出,就有多少奢侈品的生意已经被其他地区的店铺抢走。

时装是个性化产品,不仅个人喜好相距甚远,尺码大小也高度细分,这样的产品代购起来略困难。而手袋这种标准化产品,其他地区销售的总量可能已大大超过中国内地销量。

这将开在中国内地大城市顶级购物中心的奢侈品店铺置于一个尴尬的境地。明星名流、衣香鬓影……似乎随着剪彩的咔嚓声，如泡沫般消散。接下来的店铺客流冷清、销量惨淡，最糟糕的是，有人拿中国店铺当"试衣间"——在店员整整一下午的贴心服务后，顾客却坦然选择于两周后，在法国的店铺径直走向POS（销售终端）机。

对中国区还要不要投入了？

《时尚COSMOPOLITAN》副主编兼时装总监刘阅微撰文说，一个奢侈品牌中国内地市场传讯总监在被总部要求缩减在中国内地的广告投放时，回应道：只要你们不担心全球销量一起下降！

最后，广告预算不减反增。

或许对于奢侈品牌来说，内地的店铺就是一座座大大的展厅。

这显然是不合理的，而更让奢侈品牌主人痛苦的，是这样一番景象：在欧洲，中国人大包小包，呼朋引伴，匆忙凌乱地把奢侈品运回中国；大量的假货随之混入，这几乎摧毁了品牌苦心经营上百年的那份"优雅"。

优雅太重要了。如果有人继续用皮革、羊毛、布料的价钱来衡量奢侈品的价值，那只能被形容为无知。如果香奈儿失去了优雅，那香奈儿2.55与普通平价手袋又有何区别？

"品牌不希望你把注意力集中在价格上，这违背了他们的初衷。他们希望你到精心设计布置的门店里坐坐，听他们讲故事，获得他们视若珍宝的'体验'。越是高端品牌，就越重视这些。"上述LVMH集团内部人士说。

"如果顾客不欣赏品牌的工艺，与品牌的价值观没有共鸣，满脑子只想淘便宜货,品牌的感受是失望的。成功的零售最讲究'长久''就近''一对一'的密切关系,旅游购物很难抓住这一精髓。"任国强说。

零售公司都有自己的CRM(客户关系管理),如果你的香奈儿是代购来的,你就始终游离在系统之外,品牌不知道怎样与你建立情感联系,如何改进对你的服务,如何让你成为回头客。

最棒的莫过于你在家门口购物,让奢侈品牌来服务你,打动你的心啊! 长久的生意,就该这样来做。这对中国经济也是一件意义深远的事。

意大利奢侈品行业协会(Fondazione Altagamma)秘书长阿曼多·布朗齐尼(Armando Branchini)先生曾建议中国政府减少关税,以缩小奢侈品在中国内地与其他地区之间的价差。他认为这样做会鼓励欧洲的企业到中国来投资,直接投资生产及开店,提供就业岗位,进行更多的公关宣传,为中国经济带来更多贡献。

香奈儿此变,中国市场价跌量升,法国等市场价升量跌。制定这一波及全球的计划,每个市场调整幅度是多少,大有学问。如果价格调整给公司全球销售额造成巨大的波动,方案也就很难谈得上成功。

香奈儿的决策层需要动用科学的工具,根据详尽准确的市场调查,建立起一套完备的模型,精确计算价格,再考虑汇率变动等众多因素,才能确保这次全球价格大调整、顾客跨国大规模流动之后,品牌航母仍能平稳行驶。

香奈儿绝不是拍脑袋做决定,自然也不是扳着指头算价格增减。这一次调价,想必已经经过了漫长的调查研究和准备,只是外界无从知晓。

　　品牌受益、中国经济受益、中国区老大高兴……可是，有没有考虑过法国、美国等其他大区总裁的感受？调价后，中国内地香奈儿店铺前排起了长队，可法国店铺又如何？北京镑①是否会一夜蒸发？

　　"很多同类品牌也一直要求缩小价差，欧洲总部虽然也有此意，但始终强调，缩小价差需要用一个较长周期来实现。"上述LVMH集团内部人士说。其他大区的老大未必欢迎这一变化，甚至会设法阻止。谁也没想到，香奈儿一步就要调整到位，力度超乎想象。"香奈儿做了每个品牌都想做，却始终下不了决心的事。"

　　对任何一个全球化的奢侈品牌，拉平价差直接面临着各个大区老大之间的"掰手腕"。香奈儿的核心决策层或许已经分别与各大区老大展开过漫长的沟通，因为这可能意味着某些大区老大们的成绩单一落千丈。他们要接受，并在自己的市场执行下去。

　　阻力不仅仅来自内部。

　　"如此大幅度的降价，意味着税收的变化，香奈儿甚至还需要提前获得各国税务部门的放行，才能免于罚单，"上述LVMH集团内部人士说，"决心不够，执行力欠缺，就绝对完不成这件事。"

　　既然是奢侈品牌共同的问题，为什么是香奈儿迈出了第一步？

　　你或许已经熟知：让你魂牵梦萦的香奈儿，是属于犹太人的。当年香奈儿女士与自己的合作伙伴——犹太人Pierre Wertheimer（皮埃尔·维尔海姆）之间有过种种不愉快，然而最终双方找到了解

――――――――――
①指中国人在海外购买奢侈品所花费的英镑。

决方案。香奈儿女士没有子女，Pierre Wertheimer 得到了这家公司的全部。如今香奈儿的拥有者是 Pierre Wertheimer 的孙子，一对犹太兄弟——算来他们已年近70。

与热爱镁光灯、出现在秀场前排的其他奢侈品大亨截然不同，这对其貌不扬的兄弟更热衷于赛马和红酒，偶尔去一趟秀场也会挑不起眼的位置。香奈儿品牌的控制权，牢牢掌握在这一对法国乡间大叔的手里。这是他们自己的品牌，家族传承多代的事业。他们不需要考虑投资人的想法，不用每个季度把财报公布于众，承受被记者和分析师诘问的压力。

家族企业的优势？犹太商业智慧的魔力？他们眼光长远，他们没有等到自己被逼近悬崖，就做出了一个壮士断腕的决定。

有这样一种品牌，不指望通过开新店铺获得销量的上升，而是更关注单个店铺是否实现了健康的增长。在许许多多轻奢品牌欢呼着下沉到中国内地二、三线城市的时候，他们丝毫没有改变自己的步伐。爱马仕不止一次在经济危机期间开店，香奈儿至今在中国内地的店铺数量都非常有限。

你看到了人山人海，或许还看到了物欲横流，你可曾看到这一决定背后的雄心、远见、智慧和那不畏艰险的企业家精神？

一种叫"原单"的奢侈品灰色市场

如果你是个有钱人,从来不在专卖店之外的地方买衣服、鞋子、包,你或许都没听说过"奢侈品原单"这个词。关于原单,卖家的说法是这样的:有一些品牌——做时装、皮具的居多,它们在中国代工厂生产产品,每到收货时,总会淘汰一些瑕疵产品,这些瑕疵产品就是原单。而所谓瑕疵,往往是少了一颗纽扣、有一些裂纹、脱线、染了污渍……诸如此类。

对于那些热爱时尚却缺钱的顾客,这些瑕疵是多么微不足道啊! 因为这些产品往往会以专柜10%~30%的价格出现在各种渠道。

这是原单的起源。

在上海静安区老洋房一带,就有一家挨着一家的原单店。这些店铺装点得精致可爱,橱窗搭配漂亮新潮。少女时代,我的一个朋友曾感叹道,街边淘货的乐趣是购物中心给不了的。如果能淘到真正的原单,回家钉上扣子,补上裂口,真是捡了大便宜呢。

街边店、淘宝店……漫山遍野的原单,有多少是真,多少是假?

时尚品牌在中国代工已经有了20年以上的历史,卖原单的街边店几乎同步发展起来。这样的小店不断开张、关闭,其中极少数头脑精明的店主不仅赚到了钱、开了分店,最近几年还勇敢地创建起自己的品牌。随着淘宝一夜壮大，原单店迅速占领了淘宝。也是眨眼之间，他们又攻陷了微信，在朋友圈做生意，图文并茂。

如果某个时装品牌从来不在中国生产，就没有原单一说。对于爱马仕、香奈儿、BOTTEGA VENETA，很少有店主不知天高地厚地自称手里有原单货。最常见的原单品牌是BURBERRY、ARMANI（阿玛尼）、PRADA、kate spade、miu miu……这些也正是在中国代工量比较大的品牌。他们多年前就开始委托中国工厂生产，从代工厂流出产品的概率自然比较大，被山寨也就更容易。"被原单"情况最惨烈的品牌是UGG。

这些原单的产地主要在山东、浙江、江苏、福建、广东，因为中国纺织业最发达的就是这些地方。山东，纺织业上市公司如意集团已经如此强大，在2016年成功收购了法国SMCP集团，从而拥有了后者旗下的maje、sandro等高端女装品牌。早在民国时期，张謇就在南通兴办纺织企业，江苏因而拥有雄厚的纺织、印染基础。广东，20世纪90年代承接了由香港转移而来的制造业，代工技术非常成熟。

早年间的原单产品确实价廉物美。除了瑕疵产品外，市面上还有其他种类的原单产品。为了保证成品充足，代工厂进原料时都会略多进一些，比如多进3%的布料、皮料、金属件等。在生产完成、淘汰瑕疵产品后，成品量仍然比订单量多出一些。有些品牌会把多出来的产品也收走，有些品牌却只要订单的量，多余的不要。这样多出来的原单产品，品质和专柜货没有差别。

另外，品牌发现商品很受欢迎，会继续"追单"。工厂又重新进货、生产。这时，他们看到有利可图，有意多进一些原料，主动生产更多的产品。还有一种见不得光的原单,又被称为"老鼠货",指的是那些在代工厂上班,可以接触到产品的人,将那些手袋、衣裙偷偷藏在自己身上,带出工厂,送入销售渠道。

以上各种情况的产品从质量上来说,都是真正的原单,最多只有一些小瑕疵。在那些热爱大品牌又囊中羞涩的人看来,这些都是求之不得的宝贝。世上有一些狂热的原单粉丝,他们通过各种渠道,练就各种鉴定技艺,就是为了从五花八门的货物海洋中淘出真正的原单产品,避免被山寨产品欺骗。有人说,"淘"的乐趣甚至超过了"买"。也有人坦言,虽然在价格上占到了便宜,但考虑到消耗了大量的时间和精力,得不偿失。

随着时间的推移,越来越多的人看到原单带来的诱人利润,原单生意的竞争变得非常激烈。在各种原单论坛、贴吧里,有人抱怨道,如果你和代工厂管瑕疵产品的那个实权人物关系不够硬,给他的好处不够多,就根本别想拿到真原单。

货源实在太紧俏,很快有人动起了别的脑筋,所谓"仿单"也开始顶着"原单"的名号在外贸店横行。所谓"仿单"其实就是山寨货、假货。在代工厂工作过的人跳出来另起炉灶,在国内采购布料、皮料、金属件,依样画葫芦仿制一件毫无难度,速度还特别快。

如果真的想冒充原单,生产者就会采购YKK[①]的优质拉链,钉上品牌专有的标签、水洗标、吊牌——这些也不难。一位从事时装品牌物流工作的人士透露,很多品牌进入中国时只有英文标签。在进入国内专卖店之前,他们需要在中国做中文标签、水洗标、吊

①日本拉链品牌,有"拉链鼻祖"之称。

牌等。这些附件山寨起来就更简单了。

后来,看到需求量仍然很大,生产者觉得不需要再冒充原单了。

为了节省成本,他们把原版服装的羽绒换成棉花,把珍稀皮草换成常见的动物皮毛,拉链、铆钉、金属扣也选用比较劣质、便宜的,剪裁缝纫工艺的质量就更不用多说了。他们也挂上品牌的各种标识,是真是假由你判定,能卖掉就行。

顾客也不傻,一些有经验的淘客总结出了各种攻略。比如,真正的原单数量都比较少,如果你在某家店铺——不论是实体还是线上,看到商品号码齐全、库存充足,那一定不是真原单。

不要以为假货的问题只有质量差这一点,其实还有更大的隐患。

比如,有些原料需要在工厂消毒。品牌管控下正品的生产消毒过程对人体无害——很多衣服要接触皮肤。仿单制造者之类的就不会在乎那么多,他们采用的消毒方法有时会用到过量的甲醛。染色环节也是这样,糟糕的染料对人体有着极大的危害。这就是为什么有些来历不明的衣服会散发出奇怪的气味。

代购水货、原单、尾单、山寨货……中国不仅是全球最大的奢侈品市场之一,也拥有惊人的奢侈品灰色市场。奢侈品牌以前认为,灰色市场的消费者和专柜顾客不是同一群人,但后来的情况愈演愈烈,奢侈品牌也终于发现,二者之间有不少重合。前几年,多家知名国际媒体都以大篇幅、高频率的报道对中国的奢侈品灰色市场进行了描绘。

2016年4月,广东传出消息,一个美国轻奢品牌与一家广东代工厂结束了代工合作关系。直接原因就是代工厂管控不严，致使市场上出现了大量该品牌的山寨货。品牌对代工厂的管理不断收紧，不论是瑕疵产品还是"追单"产品，都会被要求有明确的下落，而不再偷偷流出，泛滥成灾。"市面上1万件自称原单的产品里，可能只有一件是真货。"一位高端眼镜行业的人士这样说。

对于和原单相关的各种现象，可以有不同角度的解读。

有人认为，奢侈品牌拿原单做文章，与代工厂结束合作，根本原因还是市场不景气。奢侈品卖不掉，产量自然要下滑，品牌借此拿代工厂开刀。试想，如果产品供不应求，代工厂忙不过来，品牌求着代工厂生产还来不及。

对原单奢侈品的追捧也显示出中国市场的现状——消费者对设计出色、品质优秀的时装和皮具充满兴趣，但他们的收入还不高，消费力有限。因此，他们宁愿耗费大量的精力去搜寻这些便宜的瑕疵产品。如此也就不难解释，那些与大牌设计存在多处雷同而价格只要几百元的H&M、ZARA等，为什么会在中国销量火爆。很多奢侈品牌也通过推出价格稍低的副线、年轻产品线来争取消费力稍弱的群体。

但显然，它们"还不够便宜"。

全球产业链底层的中国皮革

　　浙江嘉兴崇福,中国皮革工业重镇,2016年出现订单量严重不足的情况。从2013年开始,国际皮革市场行情越来越差。欧美国家经济不好,人们降低了购买奢侈品的频率,特别是手袋、鞋等皮具。中国出口的皮革于是也变少了。

　　问题不止这些,上市公司海宁中国皮革城股份有限公司(以下简称海宁皮城)在2015年的年报里写道,原料皮价格下跌、库存积压、环保压力增大……皮革企业利润变薄。在全球皮具行业,中国是个重要角色,中国大量进口、出口皮革。中国还是COACH、MICHAEL KORS等轻奢皮具品牌重要的代工基地,连PRADA这样高级的品牌也有皮具在中国生产。但中国至今仍处在这条产业链的底层。

　　像COACH这种在中国代工的皮具,皮革原料是在中国买的吗? 广东一家皮具代工厂内部人士Mike告诉我,顶级品牌根本不在中国生产皮具,在中国代工的主要是国际二线品牌、轻奢品牌。在美国、澳大利亚生产的皮坯被运到中国的一些皮革工厂进行后加工,然后再进入代工厂。后加工工厂会把牛皮片成好几层:靠近毛发的是头层,比较紧实;二层稍逊,常被做成绒面;三层再次。商家常常夸自己的产品是"头层牛皮"就是这样来的。送入代工厂的是整张皮革，没有裁剪，但颜色、质地已经和消费者拿到手的成品皮没有差别了。

为什么不在中国买皮坯？山东、河南等地也生产一些皮坯，但总的来说内地没有成熟的大型农场，也就没有饲养那么多合适的牛。中国牛的品种也不如美国的，美国牛体积大，皮坯面积就大，用来做皮具，显然是面积大的牛皮更容易裁剪，能实现更好的创意设计。那些牛在美国、澳大利亚的大型农场被饲养、屠宰、制成皮坯，然后出口到世界各地，特别是韩国，还有泰国。印度、巴基斯坦也出产一些皮坯，但质量比较差，价格低。

"韩国的皮坯进口企业牢牢地抱成团，它们集体与皮坯厂商合作，自然可以拿到较低的价格。而中国的皮厂非常分散，没有有效的组织，只能一家一家和对方谈价钱，价格上是吃亏的。"Mike说。

以上谈论的是那些比较亲民的皮具品牌，顶级品牌又是另一条生产链，中国公司几乎无法参与。顶级皮革、皮具生意的核心在欧洲，特别是意大利。有些工厂历史长达半个世纪，传承几代人，它们有的会做完皮革加工的全部工序，产品出厂之后就可以直接裁剪、缝线了。

在手袋行业多年的ZESH（泽尚）创始人董昊泽透露，中国还没有生产顶级皮革的能力。面料博大精深，有些奢侈品牌要靠面料保持自身的独特性。他们与皮革厂商达成独家专供的关系，让竞争对手买不到高品质的皮革。董昊泽在意大利一家皮革工厂里听说，有一种皮是专供CELINE的，品牌从原材料创意、开发到生产，整个过程都有参与。这样的皮革极为珍贵，厂家只会将其小批量销售给有实力和受到信任的客户。

在欧洲,有一家公司你可能听说过,丹麦的ecco(爱步)。这不是做鞋的吗？是的,ecco同时还是全球最厉害的皮革生产商之一,有一个业务部门就叫作Ecco Leather。他们为皮具品牌定制原材料,客户名单十分华丽。王石代言的一款很贵的手机8848——这款手机的皮革部分,就号称是Ecco Leather提供的。他们拥有自己的养殖场,在欧洲和亚洲都建了自己的皮革工厂。

顶级品牌对皮革供应商高度重视,对供应商的产品也不是照单全收的,要挑。世界上最好的皮革是意大利产的。生产商会给皮革分等级,A、B、C等,来自同一头牛的皮革也会因为部位不同而被列为不同等级。通常牛背部的皮是最紧实、最优的,而牛肚子的皮则比较松软,等级比较低。牛颈部的皮比较皱,颈部皮占的比例如果比较大,等级就会变低。

LV这样的品牌只用A级皮革,绝不采用B级。然而牛有背就有肚子,B级和C级的皮革怎么处理？卖到中国,给二、三线的品牌用。一个让人啼笑皆非的事实是,不论是国际轻奢品牌,还是一些起步不久的中国品牌,通常都不会花那么大的代价、那么多的精力去追求A级皮革。在中国,真正疯狂追逐A级皮革的,是那些做"超A货"的山寨工厂。他们想尽办法把手袋细节做得接近真爱马仕,这样能卖出高价,山寨工厂也有利可图。

业内传言,某法国顶级皮具品牌做手袋的时候,只取用牛皮中央品质最好的部分,裁出手袋所需要的形状后,剩下的大面积皮料就被弃用了。一些工厂对这部分皮料趋之若鹜,因为它们拥有超高的品质,只是部位稍差一些。该品牌内部曾有员工做这种报废材料的倒卖生意,皮料也有卖到中国来的。

不论是香奈儿还是爱马仕，都在近年收购了一些它们长期合作的皮革工厂。爱马仕甚至在澳大利亚养鳄鱼，在卢森堡、法国、美国等国养牛。LVMH集团的主席Bernard Arnault说："如果你掌控了你的工厂，你就掌控了质量；如果你掌控了你的零售，你就掌控了形象。"

对原料的控制显示了品牌的实力，而对外讲这个故事的，通常是处在鼎盛期的、骄傲的品牌。当年称霸摄影器材行业的柯达（KODAK）就曾宣称，为了提取最好的明胶，柯达自己养牛。顶级皮具圈子至今密不透风，中国公司好像永远也不可能给大品牌供货，或者有什么其他关系。

中国2015年的皮革、毛皮及制品和制鞋行业出口总值是861.3亿美元，进口则达到历史高位的95.7亿美元。中国人做的是什么样的皮具生意？海宁皮城既然是上市公司，实力应当不俗。我的一位朋友，机缘巧合逛过海宁皮革城，她花了400多元买下了一只"GUCCI手袋"，半年后手柄断裂了——山寨，也山寨得毫无诚意。在海宁皮城的网站上，你能发现一些投资理财的信息，年报里写道："业务从皮衣销售扩大到原辅料、设计、电子商务、融资担保等。"它们对民间金融业的兴趣，似乎不亚于对皮革的。

简言之，全球皮革产业链上，中国的角色是为二、三线皮具品牌做皮坯的后加工，以及皮具的代工生产。后加工是一个污染极其严重的行业。许多皮坯后加工的工厂就设在代工厂周边。广东的东莞、广州有大量的代工厂，车程不远的江门就有皮坯后加工工厂。皮坯带着毛发进入后加工工厂，要用化学药水去毛，再鞣制、染色等，这些都会造成污染，消耗大量的水。

20世纪90年代,这样的代工厂、后加工工厂刚在中国出现时,对环境保护缺乏重视。今天的情况已大不相同,中国的环保法规越来越严厉。皮厂不仅要受到政府部门的监管,还要受到国际非政府组织的调查。一旦一家皮厂被认定环保不合格,下游的手袋、鞋履都会被欧盟等禁止销售。"要建一个皮厂,需要投资几千万元,很大一部分钱花在了污水处理方面。"代工厂的Mike说。

随着中国人工、环保等成本的上升,皮革生产渐渐向东南亚国家转移。业内也在研究各种皮革替代品,试图用合成材料代替皮革。现在这个行业焦虑的是,如果将高污染、低附加值的皮革生意转移到东南亚,而中国人又无法和顶级品牌合作,该去哪里找订单?

在代工厂工作多年的中国皮具人,很多都有创立自己的品牌、向价值链上游攀登的梦想。他们不约而同地告诉我,中国的制造工艺已经非常高超,如果能拿到顶级皮革,就能生产出和奢侈品品质不相上下的产品。即使只能拿到B级、C级皮料,也能做出不错的轻奢品牌。然后,他们会沮丧于中国皮具渠道成本的高昂、缺乏好的创意、原创设计被抄袭、不会讲故事做品牌等问题。

不少人已经勇敢地创立了自己的品牌。"大品牌喜欢讲故事,说自己对皮革如何讲究,但我觉得它们真正值得学习的,是耐心。"一位中国皮具人这样说。

春节，奢侈品牌个个都出红包袋

这几年一到春节前夕，和很多媒体同行一样，我也会收到一些奢侈品牌寄来的"红包袋"——这些红色的纸包是让你装上钞票，给小朋友派压岁钱用的。有些公司的老板、部门的头儿也会给下属派红包，特别是过完年开工的那一天。总之，红包是让你在线下的社交关系中，用双手派发出去表达情感的。

这些红包袋设计美，制作精良，颜值何其高。不过，你有没有想过，这些奢侈品牌为什么寄红包袋给你？通常都是几十个、一大叠，而且全行业都这么做，寄红包袋已经成为一种风气，是每家公司都要执行的标准动作。派发红包是东方风俗，西方人这样做，可不是凑热闹那么简单。

这是一种聪明的传播方式，是一种在这个过度数字化、让人烦躁的世界里非常难得的、有温度的、摸得着的方式。先看几眼这几年奢侈品牌出的红包袋：设计上，每家的红包袋上都必定出现自己的logo，有的还有象征性的符号。宝诗龙（BOUCHERON）红包袋上有旺多姆广场的立柱，宝诗龙是旺多姆广场上的第一家珠宝商——宝诗龙经常提这个。LV的红包袋，封口印的是自家爆款包的锁扣。雷朋（Ray·Ban）的封口是一副太阳镜。而HACKETT（哈克特）印上了自家经典的格子纹路。为了表达对中国的尊重、拉近和中国人民的友谊,有的将中国元素和自家品牌文化中西合璧了一把,如江诗丹顿的红包袋封面有剪纸,伯爵(PIAGET)的红包袋上有大红灯笼。

很多品牌在生肖上做文章。颜色上,大部分都选金色或红色——中国人节日最钟爱的颜色,有的会选粉色或银色,总之切题。也有品牌思路灵活,这些品牌的红包袋想必能在当红时尚博主满屋子的红包袋中脱颖而出。比如蒂芙尼出的就是知更鸟蓝的"红包袋",CHAUMET的"红包袋"采用的是蓝色和金色的设计。

别出心裁的设计不胜枚举。接下来我们研究一下,哪些人会收到品牌送出的红包袋。这也许会帮助我们读懂品牌的深谋远虑。以"传播"为职业的时尚编辑、时尚博主们,品牌VIP大客户,供应商、生意伙伴,以及偶然进店的路人甲、消费满额的顾客、微信和微博粉丝——开云集团会在官方微信推送中,设计小互动,送红包袋给粉丝。平时,奢侈品牌常常用香水做礼物,香水零售价往往上千,总量不多,而红包价格便宜,数量也比香水多多了,这拓宽了传播的覆盖面。

更有趣的还是接下来的环节。收到品牌大叠红包袋的人,通常都与品牌有了往来,很大概率,他们是高收入、高素养的那种人。他们对外发红包,都是亲手操作,将红包发给那些与他们阶层接近的人。按照中国的风俗,红包通常是由长辈送晚辈、老板送员工的,品牌的logo、色彩等各种符号,也就通过这个途径传播到下一代或者其他更年轻的人手中。对于收红包的人来说,长辈的身份、经验一定程度上会为这个品牌背书,如此一来,品牌便能完美契合"中国""年轻化"两大关键词。

　　中国人用现金越来越少了，人们接受信息的方式飞快数字化，老年人也用智能手机刷微信，似乎，现金已经不再重要了。传播学上有一组概念——强连接与弱连接，微信上的点赞之交是弱连接，而面对面的交流是一种强连接。长辈送，晚辈接，在有些地区，还有无伤大雅的对红包推来推去的风俗，都是伴有情感的。双方都会在这一过程中投入更多的注意力、更长的时间，留下更深的记忆，不会被手机上眼花缭乱的虚拟信息干扰，转瞬即忘。

　　除了过年，中国人还有一些场合要派红包。比如结婚、小孩满月、长辈和晚辈的第一次见面、晚辈给老人祝寿时老人的回礼……不论哪种场合，派红包这个场景都是与情感、欢乐、财富联系在一起的。一刻千金，品牌要抓住机会传递更多的信息和价值。这就不难解释为什么品牌不仅仅要应和中国传统，更要把自己的独家设计融入到红包袋中去，这简直比专卖店橱窗还要重要。

　　红包袋，是一种广告位。一个用心的品牌，会将你身边360度的广告位都挖出来。我很快联想到，在瑞士旅行时，即使是在人口稀少的山间谷地的一家小小的餐馆、酒店里都能看到各种品牌的专属挂钟。比如在汝拉山谷宝珀工厂附近的小餐馆里，墙上就有很多宝珀的钟。在拉夏德芳的雅典（ULYSSE NARDIN）工厂附近，餐厅里挂的就是雅典的钟。当然，酒店也会挂少数其他品牌的。

　　有些品牌特别重视这一点，比如真力时（ZENITH）就经常出现在这些地方。而在拉夏德芳的一家餐厅里，我们曾注意到餐巾纸上印着天梭（TISSOT）的logo。天梭还在瑞士两座海拔3000米的雪山的山顶之间建了一座吊桥，吊桥尽头是一座巨大的天梭时钟。

　　在"钟表之国"瑞士本土做这些实体广告,意义不仅仅是带货,更是在行业内塑造影响力的表现。因为一年到头,从中国到智利,从美国到澳大利亚,全世界的钟表经销商、收藏家、媒体都要在瑞士停留,这些曝光,是行业内的曝光。大概,在优秀的营销人、广告人的眼里,这世界充满奇妙的联系。

　　几百年来,人类用各种方式将一个个群落连接起来:有的方式是为维系天然的情感,比如派发红包;有的方式是人为地创造关系,比如报纸杂志刊登了大量关于时装和美容的信息和广告,从而把一群热爱时尚的读者圈定在一起。

　　稍微年长一点的人大概还没忘,以前很多城市的地铁里都有免费报纸,它们的读者群体就是那些坐地铁上班的人。还有被称为 Direct Mail(直邮广告)的 DM 杂志,专供酒店、咖啡馆、高级餐厅,由客人免费取阅。至于航空杂志、高铁杂志,不需多说,它们以传统的方式圈住了一群人。与特征鲜明的人群密切联系,人与人之间的"伞状传播",蕴含着能量。

　　回到奢侈品牌出红包袋这件事上,今天家家户户出红包,品牌之间在这个领域也有了火药味。红包袋除了自我表达,更要想办法成为真正可以装上钞票、被送出去的那一个。有的品牌贴心地出了防水红包。有的不写"恭贺新禧"之类的新年祝词,是想出现在婚礼等其他场合上。面对这些巧夺天工的红包袋,我们不由得心生佩服。外国人在不断进步,出红包袋这件事,是对中国文化、风俗深刻理解后的做法。如果不是外国人更懂中国,那么可能是这些外国公司的中国总部里更懂中国风俗的中国员工有了更大的话语权。

巴黎大火，捐款的为什么是GUCCI和LV？

2019年4月15日巴黎圣母院失火，举世震惊。火灾当天就宣布捐出巨款的是GUCCI和LV的老板，他们相继捐出1亿和2亿欧元。他们的背后，是全球第三大奢侈品集团开云集团和第一大奢侈品集团LVMH集团，二者之间的竞争，在过去几个季度变得更激烈。

义举值得敬佩，但我还想研究一下内情。西方人做公益，必定会运用最先进的商业工具，追求更高的效率和效益。

事实上，第一时间捐出巨款的是开云集团老板——小皮诺。他动用的这1亿欧元来自皮诺家族持有的公司Artemis，他在声明中代表了他自己和他的父亲老皮诺（François Pinault，弗朗索瓦·皮诺），总之，这笔钱是皮诺家族出的，和上市公司无关。这让事情变得简单，既然是老板私人掏腰包，就无需顾忌开云集团这家上市公司的流程，不需要其他股东点头就可以执行。

这也许就是为什么小皮诺可以在大火还未被扑灭时就发出这个声明，这一举动有勇有谋，效率惊人，可以说是轰动全球。各国媒体都报道了这笔捐款，他们无一例外地提到了开云集团和GUCCI，乃至YSL等品牌。小皮诺用家族的钱，提升了整个开云集团的美誉度。

数小时后,LV母公司LVMH集团老板Bernard Arnault宣布捐款2亿欧元,额度是前者的2倍,有竞争之意,而不可否认的是,受到的关注度逊色了几分。那么,这2亿欧元又是由谁来出呢?LVMH集团的官方声明称,捐款主体是LVMH集团和Arnault家族。这就有些复杂了,究竟有多少钱来自集团,多少来自Arnault家族? Arnault家的钱和皮诺家的钱一样灵活,但集团的钱通常没那么容易被调动。不知道LVMH集团作为上市公司,对这样的捐款会执行什么样的流程。

多说一句,事实上,Bernard Arnault控制的各路大大小小的公司,彼此之间关系非常复杂。不过,和国内一些上市公司刻意打乱结构不同,Bernard Arnault麾下的复杂结构往往是历史遗留问题。今天由他控制的全球第一大奢侈品集团是他通过30多年的不断并购搭建起来的。在这个过程中,一些原有的结构被保留下来。

曾经令人困惑的一点是,DIOR这个品牌的时装和香水化妆品产品线长期分属于两家不同的集团,直到2017年Bernard Arnault重新梳理,才将两个DIOR合并为一。至于他家族持有的公司,则是独立于上市公司之外的私人公司,他的公司他做主。

当天,两家捐款的公司股价都有微幅的上涨。2019年4月16日晚间,欧莱雅集团宣布,集团继承人弗朗索瓦丝·贝当古·梅耶尔家族与欧莱雅集团联合为巴黎圣母院捐款2亿欧元。这三大法国时尚业巨头都展现了承担社会责任的勇气,当然还有令人瞠目结舌的财力。你从中还不难看出这三家公司创始人的性格,以及他们对集团的影响。他们发布捐款决定的时间相差了几小时,但在社交媒体上的影响力已是天壤之别。

　　小皮诺这几年工作勤奋,GUCCI带领开云集团连续几个季度增长超过20%,这是一个果断坚决的老板。Bernard Arnault的市场策略又准又狠,LVMH集团当时刚刚发布了大红大紫的一季度财报。至于欧莱雅集团,生意也很不错,但创始人家族早已淡出了管理层,相形之下,他们花了太长的时间才做出这个决定。

　　这场大火暴露出法国的一些问题,巴黎圣母院饱受酸雨等问题困扰,因为缺乏资金,修缮一拖再拖。火灾发生前的几个月,法国总统埃马纽埃尔·马克龙(Emmanuel Macron)一直在为黄马甲运动①伤脑筋,没看出来他此前关心过巴黎圣母院。

　　巴黎圣母院负责人2017年透露,3年维修需要花费1.5亿欧元,而2018年,法国政府只搞定了4000万欧元。一把火让马克龙陷入更深的困境,他表示要为重建开展筹款活动。开云集团和LVMH集团这两位捐款的法国老板帮助马克龙缓解了燃眉之急,总统对二人想必都有感激之情。他们各自拥有GUCCI和LV,两大集团在全球奢侈品圈有争霸之势,法国总统的支持对他们来说都很重要。

　　法国各行各业都有很多大公司,此次重大的公共事件中,出手帮忙的是两家奢侈品公司。我们不禁要问,为什么不是法国大公司排行榜上的标致汽车、兴业银行或者家乐福呢?这与奢侈品行业的基因有关。越是顶尖的奢侈品牌,越重视文化和历史,文化和历史对奢侈品牌来说是灵魂般的存在。

　　巴黎圣母院800多年的历史和无穷无尽的故事,是人类共同

―――――――――

①又称"黄背心运动",始于2018年11月17日。首日逾28万人参与,持续了数日,是巴黎50年来最大的骚乱。

的宝藏,更不用提巴黎圣母院内无价的艺术作品了,这些都是奢侈品牌孜孜以求、视若生命的。事实上,奢侈品公司以往就倾心于拯救老建筑——人类文明的瑰宝,它们在全世界寻找这样的项目,出钱出力挽救。

比如2019年年初,香奈儿成为巴黎大皇宫修复重建项目的赞助方。而PRADA则在上海修复了历史建筑——面粉大王荣氏兄弟的故居"荣宅"。宝格丽、FENDI这些意大利品牌,都参与了古罗马建筑的修复项目。

这些努力令人钦佩。这些奢侈品公司有钱,他们通过高超的经营能力拥有了这份实力。正是因为他们谈责任、谈梦想,品牌才有了超越平凡的价值。他们选项目很聪明,这些项目通常都和品牌有内在精神上的共鸣,对品牌价值的提升是长期的。这两位老板都是艺术品大收藏家,他们的品牌也总和艺术联系在一起,艺术是奢侈品造的梦的一部分。

说他们有所图,当然也合理,巴黎圣母院着火在当天吸引了全球的目光,在这一事件中站出来,是展现企业社会责任的一个重大机遇。开云集团历来重视以集团的角色出现,早在2013年,皮诺家族就曾购买流失海外的圆明园兽首,无偿归还给中国。这一举措无疑提升了整个开云集团在中国的好感度,集团借此和中国政商各界奠定了感情基础。

总结一下,两个最强大的奢侈品集团在这起震动全球的灾难性事件中,展现了一波精彩的公共关系、政府关系操作。而在未来的数十年里,这两个野心勃勃的巨头,将会在一次次关系到人类、地球命运的重大事件中交手。